LE
38ME DE MARCHE

A COULMIERS

RAPPORT

A MONSIEUR LE MINISTRE DE LA GUERRE

PAR

Le Colonel BAILLE

Ancien Lieutenant-Colonel commandant le 38me de marche.

Suum cuique.

SAINT-ÉTIENNE
IMPRIMERIE THÉOLIER & Cie, ÉDITEURS
Rue Gérentet, 12.

1891

LE 38ᴹᴱ DE MARCHE

A COULMIERS

LE
38ᴹᴱ DE MARCHE

A COULMIERS

RAPPORT

A MONSIEUR LE MINISTRE DE LA GUERRE

PAR

Le Colonel BAILLE

Ancien Lieutenant-Colonel commandant le 38ᵐᵉ de marche.

Suum cuique.

SAINT-ÉTIENNE

IMPRIMERIE THÉOLIER & Cⁱᵉ, ÉDITEURS
Rue Gérentet, 12.

—

1891

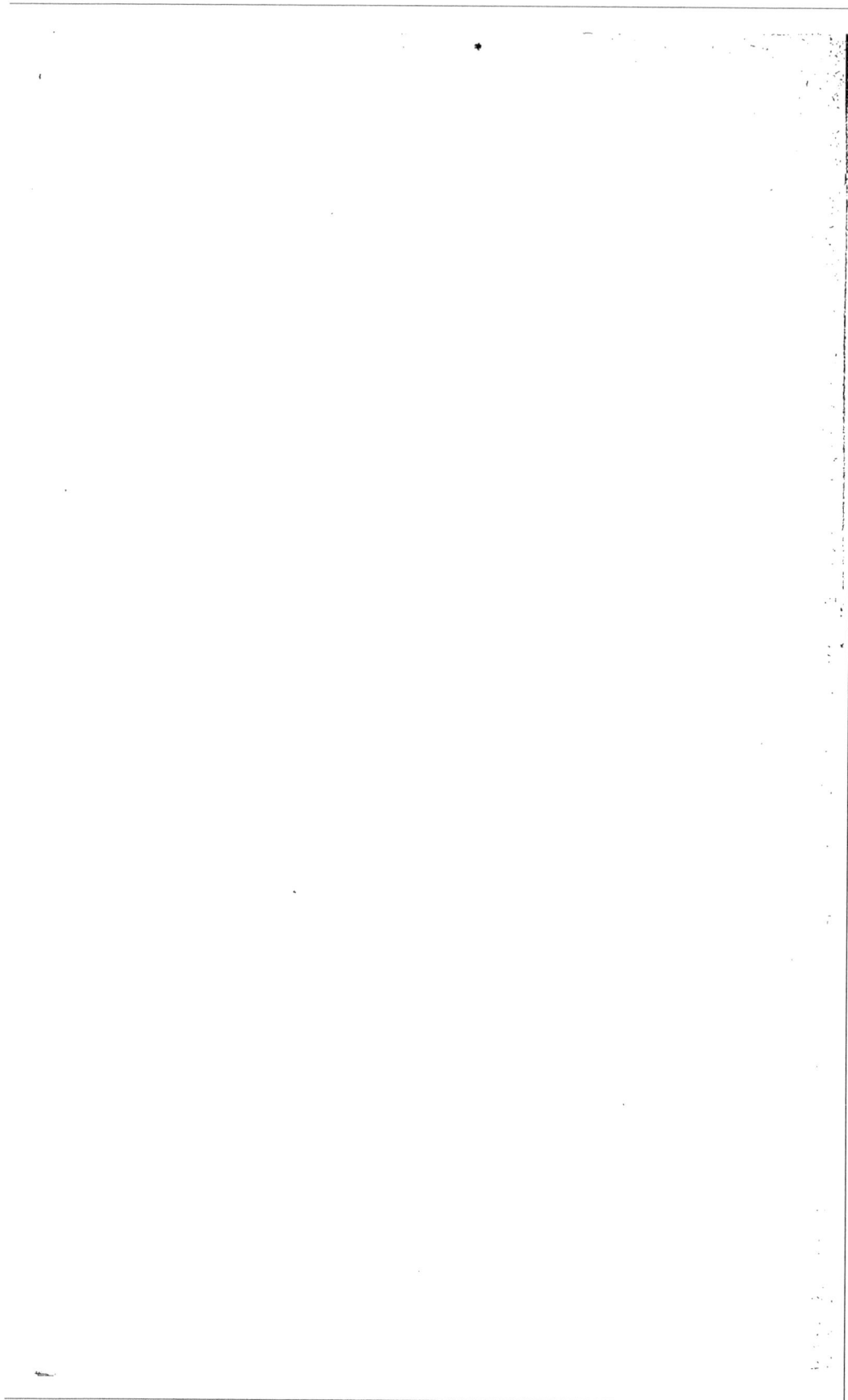

LE 38ᴹᴱ DE MARCHE

A COULMIERS

MONSIEUR LE MINISTRE,

Le 9 novembre 1870, le 38ᵉ de marche contribuait puissamment par son intervention à la prise du village de Coulmiers. Ce régiment fut oublié dans le rapport du général d'Aurelle. Depuis, il en a été de même dans tous les récits, dans toutes les circonstances, où les souvenirs de Coulmiers ont été réveillés. On ne voit nulle part le numéro du 38ᵉ sur le monument de Coulmiers, et il semble que sa participation à la bataille ait été nulle.

Dernièrement encore, le 9 novembre 1890, M. le Ministre de la marine disait à Bergerac :

« Le chef éminent qui commandait la 2ᵉ division
« du 16ᵉ corps, le général Barry, vous dira comment

« les mobiles de la Dordogne, conduits par le colonel
« de Chadois, se couvrirent de gloire en enlevant
« le parc de Coulmiers sous une pluie de balles et
« de mitraille, et décidèrent ainsi du sort de la
« journée. »

Du Ministre de la marine mal informé, j'en appelle
au Ministre de la guerre mieux renseigné.

L'oubli du 38ᵉ de marche dure depuis vingt ans,
et jusqu'ici il nous avait été impossible de remonter
à la source, à la cause première, de ce déni de
justice.

Pendant vingt ans, les anciens officiers du 38ᵉ ont
vainement cherché à obtenir le redressement de
l'erreur commise au détriment de leur régiment.
Enfin, et heureusement pour le 38ᵉ, dans une lettre
au journal *Le Temps*, datée du 9 août 1889, reproduite *in extenso* parmi les pièces à l'appui de notre
travail, avec le n° 32, M. le général Barry déclara :

« Je fis prévenir en même temps tous les corps,
« dont *le 38ᵉ opérant sur la droite*, qu'ils tentassent
« un dernier et vigoureux effort, etc. »

Puis, un peu plus bas :

« Cette attaque inopinée d'une troupe marchant
« déployée, sans tirer un coup de fusil, et que l'en-
« nemi devait prendre pour le premier échelon d'une
« colonne d'assaut, ces cris, cet élan, puissamment
« secondés d'ailleurs par les efforts enfin décisifs
« *des corps engagés sur la droite*, etc. »

Enfin, dans une note manuscrite (reproduite avec
le n° 33) :

« Le 38ᵉ de marche se plaint amèrement, et en
« protestant sans mesure, que le général d'Aurelle
« ne l'ait pas nommé dans son rapport sur le com-
« bat de Coulmiers. J'affirme que le mien, sur cette
« même affaire, mentionne expressément et en ter-
« mes très élogieux la participation du 38ᵉ de marche
« au succès de la journée, en ne la séparant pas
« toutefois de celle du 31ᵉ *qui se joignait à lui par*
« *sa droite*, et opérait dans le même rayon d'at-
« taque, etc. »

Ces déclarations nous ont enfin révélé la source
de l'erreur dont le 38ᵉ est victime depuis si longtemps. En effet, le 1ᵉʳ bataillon du 38ᵉ a seul été
détaché sur la droite dans la journée de Coulmiers ;
l'effort décisif a été fait par les 2ᵉ et 3ᵉ bataillons
restés à la gauche de la division et s'appuyant à la
grande route. Ce sont ces deux bataillons qui, à la
voix de leur lieutenant-colonel, ont couru droit au
village, l'ont abordé par sa face Ouest, l'ont traversé
en poussant devant eux les Bavarois, et faisant 150
prisonniers ; puis ont débouché par la face Est de
Coulmiers, et chassé l'ennemi vers le Nord-Est jusqu'au-delà de la route d'Orléans. Arrivé là, le lieutenant-colonel, craignant un retour offensif, reforma
les bataillons, désunis par leur effort même, et revint
à travers Coulmiers (par la grande route cette fois),
vers Epieds, qui fut occupé par le régiment pendant
la nuit du 9 au 10.

*En plaçant le 38ᵉ tout entier à la droite du 31ᵉ,
le général Barry supprime tout cet épisode qui fait
notre honneur, et réduit presque à néant notre rôle
pendant la bataille. C'est sur ce point capital que le*
rapport de M. le général Barry diffère absolument
de nos souvenirs, des témoignages unanimes des

officiers du 38ᵉ de marche et de l'historique du régiment (1).

Mais ce n'est pas là que s'arrêtent les erreurs dont a souffert le 38ᵉ de marche. Non seulement il est l'objet d'un oubli, bien étrange de la part d'un divisionnaire, son chef direct, mais voici une seconde mésaventure tout aussi extraordinaire que la première :

A la suite de l'affaire de Coulmiers, le lieutenant-colonel commandant le 38ᵉ établit un rapport constatant heure par heure les faits accomplis par son régiment dans cette journée. Ce rapport, remis à la division le 12 novembre 1870, trois jours après le combat, disparaît des archives à la suite de la bataille de Loigny, et le général, dans une note manuscrite (dont je n'ai eu connaissance qu'en janvier 1891), en dispose par ces paroles :

« Pour ce qui est de la disparition du rapport du
« lieutenant-colonel, je me l'explique jusqu'à un
« certain point, par le désordre extrême qui a régné
« en toutes choses à partir de la retraite de Loigny,
« et surtout par l'absence de mon chef d'état-major,
« commandant Masson, qui, blessé à Loigny, dut
« quitter son poste et ne fut pas remplacé. Ce n'est
« pas la seule pièce qui doit manquer dans les
« archives de la 2ᵉ division (note nº 33).
« Le 38ᵉ de marche, dit encore M. le général

---

(1) Voir les pièces à l'appui, particulièrement les lettres de M. le commandant du 3ᵉ bataillon La Flèche, de l'adjudant major Demy, du capitaine de la 1ʳᵉ compagnie du 2ᵉ bataillon Garessus, etc., etc. (Les originaux de toutes ces lettres dûment classés sont entre mes mains).

« Barry, se plaint amèrement et en protestant sans
« mesure. »

Certes, ce régiment a le droit de se plaindre avec
quelque amertume ; qu'on veuille bien en juger :

1° Son rôle à Coulmiers est complètement tra-
vesti ; l'action honorable qu'il a accomplie en abor-
dant et emportant le village de Coulmiers est confis-
quée au profit d'une autre troupe, à la tête de
laquelle se trouvait placé le général lui-même.

2° Le rapport de son colonel est perdu après
Loigny (2 décembre 1870).

3° Ce rapport, remis le 12 novembre, et perdu
après le 2 décembre (18 jours d'intervalle), *n'a pas
été lu*, ou du moins on n'a tenu aucun compte des
faits relatés.

4° Non seulement la division ne demande pas un
second exemplaire de cette pièce perdue, et qui, en
raison même de ce qu'elle était en contradiction avec
le rapport du général, aurait dû être conservée avec
le plus grand soin ; mais elle n'informe pas le lieutenant-colonel du 38° de cette perte. Le lieutenant-
colonel n'a été blessé que le 11 janvier 1871, et pendant les 2 mois qui se sont écoulés, du 12 novembre 1870 à cette date, il n'a pas été informé de la
disparition de ce document si important pour la
vérité.

5° Retenu pendant sept mois par sa blessure, le
colonel est rentré à son corps, à Lyon, au mois d'octobre 1871. Le général Barry y commandait une division. Ni à ce moment, ni pendant les vingt années
qui se sont écoulées depuis, le colonel n'a connu que
par des « on dit » la perte de son rapport, et il ne
l'apprend enfin d'une façon pertinente que par la note

manuscrite communiquée, en 1889, à l'officier du 38ᵉ
de ligne qui a rédigé l'historique du régiment.

Certes, une telle série de mésaventures peut faire
naître un peu d'amertume dans les cœurs les mieux
disposés à la bienveillance.

Que l'on veuille bien examiner avec quelque atten-
tion les témoignages ici réunis et on se trouvera forcé
d'admettre, ou que les anciens officiers du 38ᵉ de
marche, dispersés maintenant sur tout le territoire
français, se sont entendus pour revendiquer une
action à laquelle ils n'ont pas participé, puisque,
d'après la lettre au *Temps*, la note manuscrite, et le
rapport du général, ils étaient placés pendant le
combat à la droite du 31ᵉ, c'est-à-dire à l'extrême
droite de la division ; ou bien que M. le général Barry
a commis une erreur étrange en attribuant à une autre
troupe l'acte honorable de l'un des régiments de sa
division, et en méconnaissant l'initiative et l'intervention du 38ᵉ de marche.

Le récit fait par le général dans sa lettre au *Temps*
(reproduite sous le numéro 32) comprend deux par-
ties : l'une positive et dont le général a été témoin,
c'est la marche en avant du 22ᵉ mobiles, la blessure
du commandant de Chadois, l'arrêt à la lisière du
parc, les félicitations adressées, etc. L'autre partie
au contraire, celle dans laquelle le général admet
« que cette marche hardie *jusqu'à la lisière du parc*
« a fait abandonner la position par les Bavarois »
me semble divinatoire, hypothétique et discutable.
« Arrivé à la lisière du parc », dit le général, « le
« bataillon s'arrêta et se reforma ; je passai rapide-
« ment devant son front et, après avoir embrassé
« avec une effusion et une joie patriotiques l'héroïque
« commandant de Chadois, tout saignant de ses
« blessures, j'adressai quelques paroles de félicitation
« à ces jeunes mobiles qui voyaient le feu pour la

« première fois ; et je pénétrai dans le parc ; il était
« entièrement évacué. »

On verra par les lettres et témoignages ci-contre
que l'abandon du parc par les Bavarois n'avait pas
été déterminé par la marche en avant des mobiles
« *jusqu'à la lisière du parc* » ni même par « *les*
« *efforts enfin décisifs des corps engagés sur la*
« *droite* », mais bien par l'intervention de deux
bataillons du 38° marche (2.400 hommes) restés jusque là à *la gauche* de la division. Dans la rapide
traversée de la plaine par ces bataillons, sont blessés :
l'adjudant Reversat (3° bataillon), mort des suites de
sa blessure ; le sergent Vallaine (3° bataillon) ; le lieutenant Valadier (2° bataillon), mort des suites de sa
blessure ; le lieutenant Labadie (2° bataillon) ; puis un
certain nombre de sous-officiers et soldats ; quinze
hommes dans la compagnie Garessus (1re du 2°
bataillon) ; sept dans la compagnie Vignon (6° du 3°
bataillon) ; d'autres dans les compagnies Mailley,
Guyot, etc., en tout une centaine environ.

Dans Coulmiers, le 38° fait cent cinquante prisonniers. Certes, ces prisonniers ne nous ont pas attendus
bénévolement dans le village pour poser les armes,
mais, occupés à la défense de la partie Sud de la
position, ils n'ont plus trouvé de retraite ; l'envahis-
sement du nord et du centre de Coulmiers par le
38° les a coupés du gros de leurs troupes. Trois
compagnies de la gauche du 3° bataillon font face
vers le Nord, d'où l'artillerie et l'infanterie de l'ennemi
continuent le feu sur nous ; les compagnies de droite
du 2° bataillon fouillent les maisons et ramassent les
prisonniers, les compagnies du Centre traversent le
village, en sortent par la face Est et poursuivent
vers le Nord-Est les Bavarois en retraite. Nous voyons
leurs bataillons se rallier, et nous nous reformons

nous-mêmes dans la prévision d'un retour offensif. Auprès du château, je rencontre M. le Curé de Coulmiers, venant demander protection pour les blessés ; je donne rapidement des ordres et je continue à hâter la marche en avant.

S'il est possible d'affirmer que, en marchant vers la lisière Ouest du parc, le bataillon des mobiles a forcé les troupes ennemies à la retraite, il est du moins impossible d'admettre que cette marche en avant ait pu obliger cent cinquante Bavarois (dont plusieurs officiers) à s'immobiliser dans Coulmiers pour se laisser faire prisonniers. Pourquoi ces défenseurs, attaqués par l'Ouest et le Sud, ne se sont-ils pas écoulés par le Nord et l'Est, en se repliant sur leurs bataillons ? Ont-ils donc attendu dans le but de mettre bas les armes et se livrer ? Une telle hypothèse est absolument inadmissible. Si ces défenseurs de Coulmiers sont devenus nos prisonniers, c'est qu'ils n'ont pu s'échapper ; c'est qu'un obstacle infranchissable était venu s'interposer entre eux et le gros de leurs troupes ; et cet obstacle, c'était le 38ᵉ de marche.

C'est à l'énergique et victorieuse initiative de ce régiment que les mobiles et le général ont dû la sécurité relative qui leur a permis de s'arrêter à la lisière du parc, et qui a donné à M. le général Barry le temps de reformer le bataillon, de le féliciter, et de complimenter le brave commandant de Chadois. Il ne serait que juste de le reconnaître.

Il me semble que les documents ci-joints sont plus que suffisants pour justifier nos revendications et même « *le sentiment d'amertume du 38ᵉ* », et qu'après une lecture un peu attentive, l'évidence est complète. J'ai donc l'espérance d'avoir rempli ma tâche.

Malgré la lettre adressée au *Temps* par M. le

général Barry, j'ai voulu éviter de recourir à la presse, sachant bien que tout débat public serait l'occasion de remarques ironiques et de railleries chez nos voisins de l'Est.

Comme ancien lieutenant-colonel du 38ᵉ de marche et colonel du 38ᵉ de ligne, j'avais seul qualité pour porter plainte au nom de mon régiment; c'est pour ce motif que j'ai entrepris cette enquête préliminaire, dont je soumets ici les résultats à M. le Ministre de la guerre, en sollicitant une enquête définitive, et un verdict qui puisse contrebalancer le jugement exprimé le 9 novembre 1890, aux fêtes de Bergerac, par M. le Ministre de la marine.

Ce n'est pas pour moi une question personnelle ; j'ai 66 ans, je suis à la retraite depuis quinze ans, et je ne réclame rien ; le débat est plus haut. Je dois cette revendication à mon régiment, à la mémoire des officiers, sous-officiers et soldats du 38ᵉ, morts à Coulmiers, à l'honneur des survivants. La réclamation n'est ni puérile ni futile. En même temps que le 38ᵉ de marche, elle intéresse le 38ᵉ de ligne, sa famille militaire. Le culte du drapeau, l'honneur du régiment, la solidarité du numéro, ne doivent pas être de vains mots. C'est en exaltant ces sentiments qu'on fait des âmes héroïques, c'est en les laissant s'éteindre qu'on fait des âmes pusillanimes et découragées. Ceux qui veulent la grandeur de l'armée et de la patrie doivent savoir que la justice est la première condition de tout relèvement.

Nous demandons justice.

Si, comme nous n'en doutons pas, le « bien fondé » de notre réclamation est reconnu, comme sanction du verdict et comme dédommagement du long déni de justice dont nous avons souffert, nous prions M. le Ministre de la guerre de vouloir bien ordonner l'inscription du nom de « Coulmiers » sur le drapeau du 38ᵉ, et la mention à l'historique du régiment de l'énoncé du jugement rendu (1).

BAILLE,

Ancien lieutenant-colonel du 38ᵉ de marche et colonel du 38ᵉ de ligne ; en retraite à Gray (Haute-Saône).

---

(1) Le monument commémoratif de la bataille de Coulmiers devait porter sur le socle de la croix les noms des soldats morts pour la Patrie le 9 novembre 1870 (Rapport du Comité de secours aux blessés du Loiret, du 17 avril 1877). Jamais les noms des victimes de Coulmiers n'ont été demandés au 38ᵉ régiment d'infanterie. Il ne serait que juste, si le projet du Comité a été réalisé, de joindre les noms de nos morts à ceux qui ont déjà reçu ce témoignage de reconnaissance du pays. Les noms qu'il a été possible de retrouver dans les archives du corps ne sont d'ailleurs malheureusement pas nombreux, un très grand nombre de pièces concernant la campagne de 1870 ayant été perdues.

Voici les noms des morts de Coulmiers inscrits dans l'historique du corps : Cunche, capitaine ; Valadier, lieutenant ; Reversat, adjudant ; Ravaillé et Maugain, caporaux ; Garnier, Brouet, Brainiont, Lemaitre, Pénard, Domergue, Magnier, Sourt, Chaduc, Charvier, Deplastre, Chaussier, Dallongeville, Poitevin, Piccinoti, soldats.

LE 38ᵐᵉ DE MARCHE

A COULMIERS

PIÈCES JUSTIFICATIVES

---

1. — Extrait du Journal des marches et opérations du 38ᵉ de marche à l'armée de la Loire (1).

9 NOVEMBRE 1870. — BATAILLE DE COULMIERS

. . . .
. . . . . « Le 3ᵉ bataillon du 38ᵉ de marche, ayant
« à sa tête le colonel Baille et le commandant
« La Flèche, pénètre de vive force dans le parc de
« Coulmiers, après avoir dépassé les tirailleurs du
« 22ᵉ régiment de mobiles, en chasse les tirailleurs
« ennemis et s'empare du château et du village. »

2. — Protestation des officiers du 38ᵉ de marche inscrite sur l'exemplaire de l'Historique du 38ᵉ de ligne adressé à M. le Ministre de la guerre en 1873.

« Les officiers, sous-officiers et soldats du 38ᵉ de
« marche affirment que le régiment a pénétré seul

---

(1) Il ne nous a pas paru utile de reproduire en entier le
récit de la bataille de Coulmiers, que l'on peut d'ailleurs
trouver dans le Journal des marches du 38ᵉ, dont une copie
est aux Archives historiques du Ministère, ou dans l'Historique du régiment publié en 1889.

« dans Coulmiers, et que seul il s'est emparé du
« parc et du château. C'est à tort que cette action
« honorable a été attribuée par divers ouvrages,
« soit aux mobiles de la Sarthe et de la Dordogne,
« soit à d'autres corps. L'erreur s'est trop répandue
« et trop accréditée pour que le 38ᵘ de marche ne
« saisisse pas toutes les occasions de la combattre. »

3. — Extrait des notes adressées par M. Robert-Char-bonnier, ancien capitaine au 38' de marche, à M. le capitaine d'Izarny-Gargas, en 1889. (Nº 9 du dossier.)

Lorsque le colonel de Foulongue fut tué (31ᵘ de
marche) et le commandant de Chadois blessé, il y eut
un ralentissement très sensible dans les feux de la
première brigade, qui faisait face au parc de Coulmiers, le 31ᵉ à droite et le 22ᵘ mobiles à gauche; le
31ᵘ débordait légèrement la position de Coulmiers,
mais sans avancer. En voici la cause : il y a, paral-
lèlement à la haie bordant le parc, et à environ
300 mètres de celui-ci, une route en allée bordée de
peupliers. Les tirailleurs du 22ᵉ mobiles, successi-
vement renforcés, trouvant un abri derrière ces peupliers, avaient fini par se grouper derrière chaque
arbre et continuaient à tirer couchés.

. . . .

J'ai encore sous les yeux, comme si c'était hier, la
haie avec son fossé ; j'ai dans les oreilles l'admones-
tation du colonel, au moment où je l'ai franchie
avec notre vieil et fidèle ami Tonneins (1) : « Sois
prudent, mon enfant. » Or, à ce moment, j'en témoi-
gne sur l'honneur, il n'y avait devant moi que des
Prussiens fuyant dans les massifs. Il est donc bien

----

(1) Tonneins était le deuxième cheval du lieutenant-colonel.

certain que personne n'a pénétré avant nous dans le parc, but de nos efforts.

4. — Lettre de M. le capitaine Labadie, du 56ᵉ de ligne (ancien lieutenant au 38ᵉ de marche, 2ᵉ bataillon, 1ʳᵉ compagnie) à M. le colonel du 38ᵉ de ligne, le 17 avril 1887. (Nº 5 du dossier.)

. . . .

Je profite de cette occasion, mon Colonel, pour vous manifester un désir qui intéresse le 38ᵉ tout entier.

« Sur aucun des livres qui ont paru jusqu'ici sur
« la guerre de 1870-1871, ne figure le numéro du
« régiment, et pourtant Dieu sait si le 38ᵉ de marche
« a fait son devoir à l'armée de la Loire. On ne
« devrait pas laisser ignorer à ceux qui ont l'hon-
« neur d'appartenir au nº 38 que c'est avec un entrain
« irrésistible qu'il a enlevé le parc de Coulmiers,
« que c'est grâce à la 1ʳᵉ compagnie du 2ᵉ bataillon
« (capitaine Garessus) que le 22ᵉ mobile « a *bien*
« *mérité de la Patrie* ». Il y avait de l'hésitation
« dans ce régiment ; il se trouvait en ligne déployée,
« face au bois de Coulmiers et devant le 2ᵉ bataillon
« qui était en réserve. Le général Barry ordonne
« alors au colonel Baille de lancer une compagnie
« au pas gymnastique à travers les rangs du 22ᵉ mo-
« bile pour l'entraîner. Mais il y avait encore de
« l'hésitation ; nous les avions dépassés de 100 mètres,
« avec un entrain incomparable, ils nous tiraient
« dessus et certainement nous avons perdu autant
« d'hommes par leurs feux que par ceux de l'ennemi.
« C'est alors que le général mit pied à terre et
« s'élança au milieu des mobiles en s'écriant : « En
« avant, mes enfants. Vive la France ! »

Je ne citerai pas les nombreux combats ou batailles qui ont été livrés par le 38ᵉ ; ils sont nombreux ; du reste, ils doivent figurer sur l'Historique du régiment.

Ce qu'il y a encore de déplorable, « je dis déplorable, parce que le régiment a droit de s'honorer de la part brillante qu'il a prise à la bataille de Coulmiers », c'est de voir que même sur le monument commémoratif qui a été élevé sur cette place personne n'ait songé à y faire inscrire en lettres d'or le numéro du 38ᵉ de marche.

Je vous signale ces faits, mon Colonel, pour que vous réclamiez pour le 38ᵉ l'honneur qu'il mérite.

. . . .

5. — Lettre du même à M. le capitaine d'Izarny-Gargas, du 38ᵉ de ligne, le 15 août 1889. (Nº 7 du dossier.)

Je viens de lire sur la *France militaire* du 15 août un article du général Barry au sujet de la prise du parc de Coulmiers par le 38ᵉ.

Je ne protesterai pas sur ce fait, puisque je n'y étais pas ; cependant, j'ai toujours entendu dire, même le soir de la bataille, par mes camarades, qui sont venus me voir à l'ambulance d'Epieds, que le régiment avait pris le parc avec un entrain admirable.

Quant à l'article qui commence ainsi : « Il était 4 heures du soir, etc., etc. », je vois que la mémoire fait complètement défaut au Général. Mon bataillon était en réserve, ma compagnie la première en tête de colonne ; je me trouvais, par conséquent, devant le 1ᵉʳ peloton, lorsque j'entendis le général Barry, qui était presque à notre hauteur et sur le côté de la route, dire au colonel Baille d'envoyer une compagnie en avant au pas de course pour enlever les mobiles ; aussitôt le colonel désigna la 1ʳᵉ, qui se déploya avec une rapidité extraordinaire et traversa de même les rangs des mobiles. Que le général fasse donc un appel à sa mémoire, et il se rappellera qu'un officier de cette compagnie revint sur ses pas pour faire cesser le feu de ces mobiles qui nous tiraient dessus.

Je ne puis plus rien affirmer sur ce qui s'est passé le restant de la journée, ayant été blessé en entrant dans le bois; mais je proteste hautement sur les assertions du général Barry pour ce qui me regarde et qui me touche.

S'il le désire, je le conduirai à l'endroit même où il était lorsqu'il donna l'ordre cité plus haut au colonel.

Il nous appartient à tous, ceux qui avons appartenu ou qui appartiennent encore au numéro 38, de protester très énergiquement sur la lettre du général Barry qui a été publiée par le *Temps*, et ce, pour l'honneur même du régiment.

Je me tiens complètement à votre disposition à ce sujet et, s'il le faut, je ferai un appel à tous mes camarades qui ont pris part à cette mémorable bataille.

. . . .

6. — Lettre de M. Garessus, ex-capitaine au 38ᵉ de marche, 2ᵉ bataillon, 1ʳᵉ compagnie, à M. le colonel Baille, le 5 janvier 1891. (Nᵒ 25 du dossier.)

Je réponds à votre honorée du 23 décembre, et viens vous raconter les faits de la bataille de Coulmiers et de Loigny tels qu'ils se sont passés.

Pour la bataille de Coulmiers, le 9 novembre 1870, le 38ᵉ de marche est arrivé à 800 mètres du parc et du château, entre une et deux heures après midi; le parc et le château étaient occupés par les Bavarois.

M. le général Barry donne l'ordre au colonel Baille
d'envoyer une compagnie en tirailleurs et d'enlever
le parc et le château coûte que coûte. Le colonel
me donne l'ordre de me porter en avant; j'ai déployé
ma compagnie en tirailleurs, en recommandant à
mon lieutenant, M. Labadie, de tourner le parc par
la gauche pour pénétrer par la grande entrée ; ayant
à parcourir environ 600 mètres, j'ai fait coucher mes
hommes à une distance de 50 mètres, ensuite, au pas
gymnastique, nous avons pénétré dans le parc et le
château, où nous avons fait à peu près 300 prisonniers. Mon lieutenant a été blessé d'une balle au
pied au moment où il tournait le parc. J'étais dans
l'intérieur du parc ; quelques mobiles de la Dordogne
sont venus occuper le grand fossé que je venais de
traverser et étaient tellement ahuris qu'ils nous
tiraient dessus. J'ai fait demi-tour pour faire cesser
le feu, j'ai été obligé d'en frapper plusieurs pour les
faire cesser . . . .

. . . .

**7. — Lettre de M. le capitaine Delandre, du 148ᵉ de ligne
(ancien sous-lieutenant au 38ᵉ de marche, 2ᵉ bataillon,
3ᵉ compagnie) à M. le colonel Baille, le 1ᵉʳ février 1890.**
(Nº 26 du dossier.)

. . . .

Comme vous, mon Colonel, j'ai été très surpris des
assertions de M. le général Barry au sujet du rôle
qu'ont eu les mobiles de la Dordogne dans l'affaire
de Coulmiers, et je suis heureux de vous savoir
décidé à protester contre ces prétentions. Malheureusement, j'ai perdu les quelques notes que j'avais
prises sur les événements auxquels j'ai pris part
pendant la guerre et mes souvenirs ne sont pas assez
précis pour me permettre de vous adresser un rap-

port détaillé sur les faits qui se sont passés sous mes yeux. Cependant, je me souviens très bien que le parc et le château de Coulmiers ont été enlevés par le 38⁰ de marche. Il n'y avait qu'une voix dans le régiment, le soir de la bataille, pour le dire. Le 2⁰ bataillon, auquel j'appartenais, avait comme objectif le côté Ouest du parc et s'est avancé sur ce point en ligne déployée, sous une grêle de projectiles, qui fort heureusement étaient mal dirigés et ne faisaient pas grand mal. Nous avons pénétré dans le parc vers 4 heures du soir. Le général Barry était à pied et se trouvait, au moment où nous arrivions, aux abords du parc, à 100 pas de moi derrière la droite du bataillon.

Ma compagnie a perdu deux hommes et je ne crois pas que les pertes aient été plus fortes dans les autres compagnies du bataillon.

Je ne sais pas quel est l'officier qui a réuni les prisonniers, mais ceux que j'ai vus étaient valides, et j'ignore à qui ils ont été remis.

J'ai assisté au ralliement des compagnies près de la route d'Orléans, après la traversée du village.

Tels sont, mon Colonel, les quelques renseignements que je puis vous donner ; je regrette vivement de ne pouvoir vous les envoyer plus complets.

. . . .

8. — Lettre de M. le capitaine Bernard, du 139⁰ de ligne (ancien sous-lieutenant au 38⁰ de marche, 2⁰ bataillon, 1ʳᵉ compagnie), à M. le colonel Baille, le 28 janvier 1891. (N⁰ 32 du dossier.)

J'ai l'honneur de vous déclarer que le récit de la bataille de Coulmiers que fait, dans l'Historique du 38⁰ de marche, M. le capitaine d'Izarny-Gargas me paraît être l'expression de la vérité, tant par ce que

j'ai pu voir par moi-même que par ce que j'ai
entendu autour de moi le lendemain de la bataille et
les jours suivants.

Le jour de Coulmiers (9 novembre 1870), j'étais,
comme vous le savez, mon Colonel, le sous-lieutenant
de la 1ʳᵉ compagnie du 2ᵉ bataillon, commandée par
M. le capitaine Garessus. Entre 3 heures et 3 h. 1/2,
la compagnie fut déployée sur votre ordre, juste en
face du parc de Coulmiers, à quelques centaines de
mètres de la lisière.

Or, je me souviens très bien qu'à ce moment le
général Barry était devant nous et je lui ai vu faire le
geste : « En avant ! » J'appris en même temps qu'un
officier de son état-major, M. le capitaine de Gravillon, venait d'être tué ; mais je perdis bientôt de
vue le général.

Je me souviens parfaitement que nous avons
dépassé les mobiles embusqués derrière les peupliers, fort nombreux à cet endroit. Nous avons
abordé la lisière et nous sommes répandus dans le
parc, mais ce ne sont pas des mobiles que nous y
avons trouvés, mais bien les Bavarois qui battaient
en retraite et sur lesquels nous avons exécuté des
feux.

Je me souviens très bien qu'après la retraite de
l'ennemi ma compagnie fut reformée dans le parc
même, et que c'est de là que nous gagnâmes nos
emplacements pour la nuit.

Le lieutenant de la compagnie, M. Labadie, fut
blessé, mais je ne saurais affirmer si ce fut avant ou
après le déploiement.

Grâce à la rapidité de notre marche en avant,
nous ne perdîmes que très peu d'hommes, la plupart
des balles nous ayant passé par-dessus la tête.

En résumé, et sur ce point mes souvenirs sont
parfaitement exacts, je puis affirmer que lorsque j'ai

pénétré avec ma troupe dans le parc de Coulmiers,
je me suis trouvé directement en présence des
Bavarois, et qu'à ce moment-là je n'ai vu autour de
moi que « des pantalons rouges ».

9. — Lettre de M. Garessus, ex-capitaine au 38ᵉ de marche, 2ᵉ bataillon, 1ʳᵉ compagnie, à M. le colonel Baille, le 22 Janvier 1891. (Nº 39 du dossier.)

En effet, je n'ai vu qu'une partie des prisonniers
faits à Coulmiers ; il y en avait une cinquantaine
réunis dans une allée du parc par un officier du
régiment, dont je ne me rappelle pas le nom ; puis
des blessés que l'on a transportés au château ; j'en
ai trouvé encore plus loin, vers le château, réunis par
des soldats qui s'étaient rendus, et tous ceux-là,
comme les premiers, étaient valides.

Tous les prisonniers ont été conduits et remis je
ne sais à qui ; quant aux compagnies voisines, je ne
puis donner des renseignements sur leurs pertes,
ayant assez à m'occuper de ma compagnie, étant
seul, mon lieutenant ayant été blessé en tournant
le parc.

Mon effectif était de 212 hommes, sur le nombre,
j'en ai *perdu 15, tués ou blessés; sur les 15 perdus
dans le combat, il n'en est pas rentré un seul
pendant la guerre.*

Nous n'étions pas à la droite du 31ᵉ, attendu qu'il
avait une chaîne de tirailleurs couchés à 200 mètres
du parc, derrière un pli de terrain ; j'ai traversé
leurs lignes, j'ai dit à un capitaine de marcher avec
moi ; il a répondu qu'ils n'avaient plus de cartouches,
et ils sont restés là.

. . . .

10. — Lettre de M. Mailley, chef de bataillon au 52ᵉ de ligne (ancien capitaine au 38ᵉ de marche, 2ᵉ bataillon, 6ᵉ compagnie), à M. le colonel Baille, le 4 février 1891. (Nᵒ 40 du dossier.)

Une absence m'a obligé à retarder jusqu'à aujourd'hui de répondre à votre lettre reçue le 20 janvier dernier.

Le rôle joué par le 38ᵉ de marche à l'armée de la Loire est encore assez présent à ma mémoire, et surtout la bataille de Coulmiers, pour que je puisse aujourd'hui vous adresser ce que j'ai vu dans cette mémorable journée du 9 novembre 1870.

J'étais alors capitaine et je commandais la 6ᵉ compagnie du 2ᵉ bataillon. Au début de la journée, j'étais en tirailleur, ayant pour objectif le parc et le château de Coulmiers; pour arriver au parc, *j'ai eu 4 tués et 5 blessés.* Avant d'arriver à ce parc, le 3ᵉ bataillon a été déployé à la gauche du 2ᵉ, et s'est porté en avant ayant pour objectif le village de Coulmiers; le 2ᵉ bataillon a appuyé le mouvement du 3ᵉ bataillon pour enlever ce village.

En même temps que le 3ᵉ bataillon se déployait à la gauche du 2ᵉ, le 1ᵉʳ bataillon se portait bien à droite et échappait complètement à la vue des deux autres bataillons du régiment.

Le mouvement sur Coulmiers a été effectué par les 2ᵉ et 3ᵉ bataillons, et ces deux bataillons n'ont jamais été à la droite du 31ᵉ. Le 1ᵉʳ bataillon seul était à droite, et même, le soir, dans les récits de la journée, les officiers de ce bataillon disaient qu'ils avaient dû entraîner ce régiment.

M. le capitaine Cunche du 1ᵉʳ bataillon a été blessé et est mort quelques jours après à l'ambulance.

L'effectif des compagnies était au minimum de 200

hommes, ce qui portait au moins à 2.400 hommes l'effectif des 2ᵉ et 3ᵉ bataillons pour l'enlèvement de Coulmiers (le 2ᵉ bataillon avait 7 compagnies).

Il est bien regrettable que l'on cherche aujourd'hui à enlever au 38ᵉ de marche l'acte honorable qu'il a accompli dans cette glorieuse journée, et je comprends très bien que vous, le chef de ce beau régiment, ayez à cœur que la vérité éclate à tous les yeux.

Je suis heureux, mon Colonel, que vous ayez bien voulu vous souvenir de moi. Quant à moi, je n'oublierai jamais que j'ai eu l'honneur d'être sous vos ordres.

. . . .

11. — Lettre de M. le capitaine Bernard, du 139ᵉ de ligne (ancien sous-lieutenant au 38ᵉ de marche, 2ᵉ bataillon, 1ʳᵉ compagnie), à M. le colonel Baille, le 5 février 1891. (Nᵒ 41 du dossier.)

En réponse à votre question au sujet des prisonniers faits à Coulmiers, j'ai l'honneur de vous déclarer que personnellement je n'ai pas fait de prisonniers; je ne crois pas non plus que d'autres fractions de ma compagnie en aient fait, puisque je n'ai vu que les Bavarois en pleine retraite, lorsque nous avons abordé le parc de Coulmiers, mais je me souviens très bien, qu'après le combat, et en gagnant le lieu de rassemblement, j'ai rencontré près du château un fort groupe de prisonniers bavarois. Je ne saurais donner un chiffre exact, mais ce que je me rappelle très bien, c'est que ces prisonniers étaient sous la garde d'hommes du régiment. Je n'ai pu distinguer s'il y avait un ou plusieurs officiers, parce que les officiers portaient une capote pareille à celle de la troupe et qu'enfin la nuit venait. Je me souviens très bien que mes hommes faisaient des réflexions sur les différences de tenue entre Prussiens et Bavarois.

J'ai bien entendu dire le lendemain que des fractions du régiment avaient fait des prisonniers, mais je ne saurais préciser lesquelles. . . . .

. . . .

12. — Lettre de M. Fourmont, lieutenant démissionnaire du 38ᵉ de marche, 2ᵉ bataillon, 5ᵉ compagnie, à M. le colonel Baille, le 7 février 1891. (Nᵒ 45 du dossier.)

En lisant dans le *Temps* le compte rendu de la bataille de Coulmiers, j'ai été très surpris que l'on eût omis ou négligé de désigner le 38ᵉ de marche, qui cependant avait droit d'être cité.

Le 9 novembre, ma compagnie se trouvait à peu de distance de l'artillerie de réserve longeant la route, lorsque l'on nous fit avancer vers 2 heures 1/2 ; nous marchâmes jusqu'au fossé bordant le bois, mais les compagnies en avant avaient dû pénétrer dans ce bois, puisque mon ami Valadier avait reçu sa blessure en franchissant une haie.

La compagnie resta dans cette position environ une demi-heure, ramassant quelques prisonniers qui s'étaient blottis dans ce fossé ou embusqués derrière les premiers arbres du bois, et qui tiraient encore sur nous. Ces quelques prisonniers ont été conduits par un caporal d'après l'ordre de mon capitaine, je ne saurais dire où.

Lorsque ensuite nous avons traversé ce bois en fouillant, j'ai vu deux mobiles blessés adossés à des arbres, mais peu grièvement probablement, puisqu'ils se pansaient eux-mêmes ; mais le bois traversé, les morts ou blessés que j'ai vus sur la petite route séparant le parc du cimetière appartenaient à la ligne.

Nous sommes restés à cet endroit jusqu'au moment du ralliement sur la route, mais mon capitaine, M. Guillaume, resta avec une section dans le cimetière une partie de la nuit, ainsi qu'un détachement de légionnaires, et ne rejoignit le régiment que le lendemain vers huit heures au campement, près d'un village où l'église et le presbytère servaient d'ambulance.

Je ne me rappelle pas si la compagnie a subi quelques pertes, en tout cas elles étaient peu nombreuses.

Je sais qu'il y a un certain nombre de prisonniers faits par le régiment, mais je ne saurais dire par quelle compagnie.

. . . .

13. — Déclaration de M. le colonel de Santi, du 97ᵉ régiment d'infanterie (ancien capitaine adjudant-major du 2ᵉ bataillon du 38ᵉ de marche). (Nᵒ 49 du dossier.)

Le 9 novembre 1870, le 2ᵉ bataillon du 38ᵉ de marche quittait son cantonnement, un peu après 8 heures du matin, pour marcher sur Coulmiers, objectif de la 2ᵉ division du 16ᵉ corps.

D'après les ordres reçus pour la journée, la 2ᵉ brigade (38ᵉ de marche et 66ᵉ mobiles) devait constituer la réserve. Le 38ᵉ, formant tête de brigade, marchait par bataillons à demi distance à intervalles de déploiement.

La marche à travers les plaines de la Beauce fut lente, et subordonnée aux péripéties de la lutte engagée sur le front. A deux heures de l'après-midi, le régiment n'était encore qu'à hauteur et à droite de Saintry (3 kilomètres environ de Coulmiers). Le bataillon, continuant toujours à marcher, s'approche peu à peu de la ligne de combat

Vers trois heures, les troupes de la 1ʳᵉ brigade de la division, placées en avant du bataillon, sont arrêtées par le feu de l'ennemi qui part des haies du parc de Coulmiers. Les mobiles (Dordogne, je crois) hésitent, et il devient nécessaire de faire avancer la réserve.

Le commandant de Mornac, chef du 2ᵉ bataillon du 38ᵉ de marche, reçoit alors l'ordre de porter en avant deux compagnies de son bataillon pour enlever les troupes de 1ʳᵉ ligne et marcher sur le parc de Coulmiers. Cet ordre s'exécute aussitôt. Les deux compagnies se déploient en tirailleurs, dépassent les mobiles et ouvrent le feu sur l'ennemi. En même temps le reste du bataillon se déploie en ligne et suit le mouvement des deux compagnies engagées, dont l'une est commandée par le capitaine Garessus.

Pendant que le 2ᵉ bataillon marche directement sur le parc, le 1ᵉʳ agit sur la droite, et le 3ᵉ, à la tête duquel se trouve le lieutenant-colonel Baille, commandant le 38ᵉ de marche, tourne le parc et le village par la gauche.

L'attaque vigoureuse des deux compagnies du 2ᵉ bataillon force les Bavarois à abandonner le parc et à se replier dans le village. Nos troupes les suivent sans hésitation, et les premières maisons sont enlevées.

C'est alors que l'effet du mouvement tournant du 3ᵉ bataillon se faisant sentir, les Bavarois menacés d'être coupés se hâtent d'évacuer le village. La retraite n'est pas cependant si rapide que 200 à 300 prisonniers ne tombent entre nos mains.

J'ai vu moi-même un certain nombre de ceux-ci, conduits par un officier du 2ᵉ bataillon du 38ᵉ de marche, traverser les compagnies de réserve du bataillon pour être conduits sur les derrières.

A la fin de l'action, vers 4 heures 1/2, le 2ᵉ bataillon en entier se trouvait de l'autre côté de Coulmiers et donnait la main au 3e sur la grande route d'Orléans. Le régiment rassemblé était ensuite dirigé sur Epieds où il passait la nuit.

Tel est le rôle joué le 9 novembre 1870 par le 2e bataillon du 38e de marche.

14. — Lettre de M. le commandant La Flèche (ancien chef du 3e bataillon du 38e de marche) à M. le colonel Baille, le 7 février 1891. (N° 42 du dossier.)

Il vaut mieux tard que jamais, c'est pourquoi je m'empresse de vous remercier et de vous féliciter pour les efforts que vous faites actuellement pour tâcher de rétablir les faits et l'exacte vérité sur la bataille de Coulmiers (9 novembre 1870).

. . . .

J'ai dans ce moment un surcroît de besogne qui ne me permet pas de répondre à toutes vos questions, mais demain ou après-demain je ferai appel à tous mes souvenirs et je tâcherai de vous satisfaire.

Dans tous les cas, j'affirme déjà que mon bataillon (3e bataillon du 38e régiment de marche) a enlevé de vive force le parc, le château et le village de Coulmiers. Il était environ 4 heures 1/4 ; vous étiez avec moi à la tête de mon bataillon criant toujours tous les deux : « En avant, en avant ! Vive la France ! » Quand nous avons pris Coulmiers, il n'y avait aucune troupe française dans le château ni dans le village. Nous y avons fait environ une centaine de prisonniers, tous Bavarois, commandés par le général Von-der-Than.

Après l'action j'ai fait conduire tous ces prisonniers au quartier général (général Chanzy), au village d'Epieds, à 2 kilomètres environ de Coulmiers.

J'ai communiqué vos ordres relatifs à l'ambulance de Coulmiers. Il y avait parmi ces blessés trois capi-

taines bavarois. Nous avons assuré la protection de
l'ambulance du château, et nous avons ensuite poursuivi les Bavarois, mais pas longtemps, car la nuit
approchait. Nous sommes rentrés dans Coulmiers où
nous avions laissé mes compagnies. Alors le général
d'Aries est arrivé à Coulmiers avec la Légion étrangère, et m'a vivement félicité en me donnant une
cordiale poignée de main, et me disant : « Mon cher
« Commandant, vous allez vite en besogne, vous
« avez mis les Bavarois en pleine déroute. » Je l'ai
remercié et lui ai dit que vous étiez là, à côté de
l'église. Je lui ai demandé s'il voulait vous parler, il
m'a répondu que non.

Certes, je m'empresse de dire que les mobiles de la
Dordogne (22ᵉ régiment) se sont conduits d'une manière héroïque. Ils sont restés au feu toute l'après-
midi, ont fait des prodiges de valeur sous les ordres
de leur commandant (1ᵉʳ bataillon) et ayant à leur
tête le brave général de division Barry, mais ils ne se
sont pas emparés de Coulmiers. Je me rappelle fort
bien l'histoire de la canne du général Barry. Enfin la
nuit allait venir, et le général fit donner notre brigade (2ᵉ). Nos 1ᵉʳ et 2ᵉ bataillons du 38ᵉ appuyèrent
sans doute trop à gauche ou à droite (mystère), mais
mon bataillon (3ᵉ) était alors en colonne double et au
centre, juste en face Coulmiers. Après l'avoir fait
déployer en bataille, nous exécutâmes la marche en
avant, et au pas gymnastique, jusqu'à la lisière du
parc, et une fois dans ce parc nous enlevâmes Coulmiers à la baïonnette. Vous ne m'avez pas quitté un
instant, mon Colonel, jusqu'à notre entrée dans Coulmiers où nous sommes entrés les deux premiers.

Le lendemain de la bataille de Coulmiers je vous
ai remis mon rapport à Saint-Péravy-la-Colombe ; ce
rapport a dû vous servir à établir le vôtre. Il n'était
pas long, mon Colonel ; car, à côté de moi, vous aviez

assisté à la belle et héroïque attaque de mon bataillon contre les Bavarois. Le lendemain nous eûmes
des félicitations de tout le monde et spécialement de
mes deux braves et regrettés collègues, le commandant Gariot, du 1er bataillon, tué à la bataille de Loigny,
le 2 décembre 1870, où votre jument Agena reçut une
balle dans la cuisse et où mon cheval fut tué sous moi ;
le commandant de Mornac (2e bataillon), qui fut
grièvement blessé aussi à Loigny et fait prisonnier,
mort dernièrement à Versailles comme colonel.

La bataille de Coulmiers est le plus beau jour de
ma carrière militaire. Mais je dis comme vous, mon
Colonel, évidemment le redressement auquel vous
voulez arriver ne peut produire aucun résultat personnel ; vous n'y visez pas, ni moi non plus ; nous avons
66 ans, et nous sommes en retraite, vous depuis 1875,
et moi depuis 1873. Enfin je vous aiderai, je dirai
toujours la vérité, et ce dont je ne serai pas certain, je
m'abstiendrai pour ne pas induire en erreur.

C'est fort regrettable que le général Barry ait perdu
votre rapport. Dans tous les cas, vous auriez dû en
être avisé, aussi je ne puis m'empêcher de vous dire,
mon Colonel, que, quelques jours après la bataille de
Coulmiers, il y avait une espèce de mécontentement
général, car il n'était jamais question du 38e de
marche, et cependant, modestie à part, nous avons
eu de bien beaux faits d'armes malgré nos nombreuses et terribles défaites. Il n'a jamais été question
de la prise du château de Bel-Air sous Vendôme, le
31 décembre 1870. C'était encore mon bataillon, le
3e, et vous étiez encore à sa tête.

. . . .

**15. — Lettre du même à M. le colonel Baille,
le 9 février 1891.** (Nᵒ 43 du dossier.)

Il est incontestable, il est irréfutable qu'après avoir pris de vive force le parc de Coulmiers avec mon bataillon (3ᵉ bataillon du 38ᵉ régiment de marche), et vous en tête, je suis arrivé au château de Coulmiers au pas gymnastique, criant toujours : « En avant ! » faisant une masse de prisonniers bavarois, ne rencontrant aucune troupe française dans Coulmiers. M. Capitan, propriétaire du château de Coulmiers, vint de suite me serrer la main en m'appelant son libérateur, et me disant : « Je suis dans une des caves du château avec ma famille, mon cher Commandant, vous me ferez le plaisir de dîner avec nous, ainsi que vos officiers. Vous mangerez le dîner qui était destiné aux officiers bavarois, car je les nourris tous les soirs depuis un mois. »

Je refusai, bien entendu, en le remerciant, car nous avions autre chose à faire, n'est-ce pas, mon Colonel ? Du reste, les projectiles arrivaient toujours, car l'ennemi, quoique battant en retraite, n'a cessé de faire feu jusqu'à la nuit.

Comme je vous disais avant-hier dans ma lettre, mon Colonel, le général d'Aries vint alors, presque à la nuit, me féliciter vivement et me dit que la Légion étrangère coucherait ce soir sur le terrain de nos exploits à Coulmiers, et mon bataillon alla camper derrière le cimetière d'Epieds, sur la neige et par 16° de froid. Vous eûtes la chance, vous, de coucher sur de la paille dans une ferme où on vous donna du lait et du pain de seigle. Le lendemain matin, la neige tombait toujours, le froid allait toujours en augmentant, la température était descendue à 18° ; nous partîmes pour Saint-Péravy-la-Colombe. Là je vous remis mon rapport ; j'ignore si vous fîtes le vôtre, mais c'est tout naturel ; vous avez dû le remettre au général Barry à Saint-Péravy, comme vous le dites fort bien, et je vous crois ; c'est même forcé, vous ne l'auriez pas fait que le général vous l'aurait demandé.

Je ne puis pas vous dire, à mon grand regret, si tout le 38e était placé à l'extrême droite de la division, mon bataillon était près de la grand'route d'Orléans.

Pour l'ambulance, je vous ai déjà répondu. Sur votre ordre, j'ai assuré la protection de l'ambulance du château.

. . . .

**16. — Lettre du même à M. le colonel Baille,
le 17 février 1891.** (N° 44 du dossier.)

. . . .

Je me rappelle fort bien que le curé de Coulmiers est venu vous parler pour la protection des blessés. Comme vous le dites fort bien, nous étions tous les deux encore à cheval et les obus éclatèrent près de nous dans le village de Coulmiers.

. . . .

**17. — Lettre de M. le commandant Demy (ancien capitaine
adjudant-major du 3e bataillon du 38e de marche) à M.
le colonel Baille, le 23 janvier 1891.** (N° 36 du dossier.)

Je vous prie d'excuser le retard que j'ai mis à répondre à votre lettre du 22 décembre 1890. J'aurais voulu retrouver une lettre fort détaillée que je me rappelle avoir écrite à un de mes amis d'Angers le surlendemain de la bataille de Coulmiers. Cet ami étant absent, j'ai attendu son retour. Il a fouillé dans toutes ses paperasses et n'a pu malheureusement retrouver cette lettre qu'il se rappelle parfaitement,

qu'il m'a dit avoir conservée fort longtemps et qui a
dû être égarée dans un déménagement. Je le regrette,
car je crois qu'il n'y a rien de tel pour retrouver la
vérité que de se reporter aux impressions du moment,
qui sont comme une photographie instantanée. J'ai
retrouvé quelques lettres que j'écrivais à cette époque à ma femme. J'en extrait ce qui peut être inté-
ressant à votre point de vue.

. . . .

18. — Extraits de lettres adressées à sa femme par M. le commandant Demy.

Au bivouac, 10 novembre 1870.

. . . . . Hier j'ai reçu le baptême du feu. Nous
nous sommes battus depuis 9 heures du matin jusqu'à 5 heures du soir. . . . . Les Prussiens ont été
repoussés sur toute la ligne. . . . . Nous allons
probablement recommencer aujourd'hui ou demain
et j'ai grande confiance. . . . . A la fin de l'action
nous avons enlevé un village à la baïonnette. . . . .

Saint-Péravit-la-Colombe, 11 novembre 1870.

. . . . . Le 9 nous nous sommes battus depuis
9 heures du matin jusqu'à 5 heures du soir à Coulmiers (Loiret) ; mon régiment a enlevé le village à
la fin de la journée, qui a été assez chaude. . . . .

Saint-Péravit-la-Colombe, 13 novembre 1870.

. . . . . Nous avons eu à Coulmiers un fort joli
succès, pas aussi complet qu'on eût pu le désirer,
parce que la nuit est arrivée trop tôt, mais suffisant
pour regagner 20 lieues de pays français et faire
évacuer Orléans. . . . . Le colonel de mon régiment
me cite dans son rapport. J'en suis très flatté quoique

je n'aie fait que mon devoir. . . . . Tout le monde
dans cette affaire a fait son devoir, mobiles, artillerie et infanterie ; mais les honneurs de la journée
reviennent à la batterie de Brault (1) et au 3ᵉ bataillon
de mon régiment, celui dont je suis l'adjudant major.
C'est nous qui, à la fin de la journée, avons enlevé
le village de Coulmiers et décidé la victoire. . . . .
Nous avons un très bon colonel qui ce matin a réuni
le régiment pour le féliciter et le remercier. C'est
avec enthousiasme que nous avons tous crié : Vive
la France ! Vive la République !

. . . . . Mon chef de bataillon attend que le général ait fait son ordre du jour et si j'y suis cité, il veut
te l'apprendre lui-même.

. . . .

19. — Souvenirs personnels de M. le commandant Demy.
(Nᵒ 38 du dossier.)

Vers 3 heures du soir le bataillon avait déjà dépassé
la route d'Ouzouer et marchait de manière à tourner
le village, par le Nord, lorsqu'il reçut l'ordre d'appuyer vigoureusement à droite, ainsi que le 2ᵉ bataillon. Le mouvement s'effectua sans retard. Arrivé en
face du parc, après avoir une seconde fois traversé la
route, le bataillon se déploya et se porta résolument
en avant, ayant à sa tête le colonel lui-même. Les 3
compagnies de droite marchèrent droit sur le parc
que débordaient les 3 compagnies de gauche. Le feu
des Bavarois commençait à se ralentir ; il cessa au
bout de quelques instants, et lorsque nous abordâ-

---

(1) C'est la batterie de 12 qui était le matin encadrée entre
le 2ᵉ et le 3ᵉ bataillon du 38ᵉ et qui a été si malheureusement enlevée par l'ennemi le 2 décembre.

mes la lisière du parc, elle était dégarnie de ses
défenseurs. Cette marche en avant de deux bataillons
tout neufs, soutenus du reste, à 5 ou 600 mètres en
arrière, par le 66ᵉ régiment de mobiles de la Mayenne,
avait évidemment déterminé la retraite de l'ennemi.
Entre autres preuves, on peut donner la suivante :
Le 3ᵉ bataillon du 38ᵉ de marche a subi les derniers
coups de feu des Bavarois et a eu un certain nombre
d'hommes atteints, peu il est vrai, mais parmi eux
se trouvait l'adjudant de bataillon Reversat. Au moment du déploiement, j'appelai ce sous-officier en
lui reprochant de se tenir trop loin de moi et l'enga-
geai à rester à ma portée. M'étant mis ensuite en tête
du bataillon avec le colonel et le commandant, je le
perdis de vue et j'appris le soir qu'il avait eu dans la
marche en avant une cheville fracassée par une balle.
Il mourut, quelque temps après, des suites de cette
blessure. Il est de toute évidence que si les mobiles
avaient occupé le parc avant notre intervention, nous
n'aurions pas subi ces pertes.

Après avoir pénétré dans le parc, je me dirigeai
droit sur le château ; un officier bavarois blessé d'un
coup de feu dans une joue, et parlant assez bien le
français, parut heureux de voir un officier. Il se
précipita vers moi et me dit que nos hommes vou-
laient envahir le château, qui ne contenait que des
blessés. Je le rassurai et installai à la hâte un petit
poste provisoire commandé par le premier sous-officier qui me tomba sous la main, en lui donnant pour
consigne de faire respecter les blessés et de faire
enlever seulement les armes et les munitions. Après
avoir promis à l'officier bavarois de lui envoyer les
premiers médecins que je rencontrerai, je rejoignis
le colonel, qui se trouvait à la lisière Nord du village.
J'affirme que pendant les quelques instants que je
suis resté dans la cour du château, je n'avais autour

de moi que des pantalons rouges. Je n'y ai pas vu
un seul mobile. J'appris que le 2ᵉ bataillon avait fait
200 ou 300 prisonniers, mais chargé par le colonel
de rallier les compagnies éparses, en vue d'un retour
offensif possible, je m'occupai immédiatement de
remplir ma mission et n'eus ni l'envie ni le loisir de
demander des détails. Je ne sais donc pas à qui
furent remis les soldats prisonniers.

Quant à la prétendue perte du rapport du colonel
sur la journée du 9, je ne m'explique pas qu'elle
puisse être imputée au désordre arrivé par la blessure du chef d'état-major. Ce rapport n'a été envoyé
que le 11. Le colonel était établi dans une petite
ferme près de Saint-Péravy ; il me fit appeler ainsi
que le commandant La Flèche pour nous lire son
rapport avant de l'envoyer, et je me le rappelle d'autant mieux que j'y étais cité personnellement.

. . . .

**20. — Lettre de M. de Marmiès (ancien capitaine au 38ᵉ
de marche, 3ᵉ bataillon, 5ᵉ compagnie) à M. le colonel
Baille, le 8 février 1891.** (Nᵒ 35 du dossier.)

La réponse de M. le général Barry, à l'article du
général Thoumas relatif à l'historique du 38ᵉ de ligne
par M. le capitaine d'Izarny, m'avait fait bondir d'in-
dignation ; aussi étais-je décidé à répondre, et à jeter
bas les masques, lorsque quelques-uns de mes amis
se sont interposés et m'ont fait comprendre que je
perdrais mon temps en présence d'une légende aussi
solidement établie. Je me suis incliné. . . . .

Vous m'écrivez que M. le général Barry a fait
savoir à M. le capitaine d'Izarny que son rapport
contenait les plus grands éloges au sujet du 38ᵉ de
marche lors de la prise de Coulmiers. Je regrette
d'être obligé de mettre en doute la parole de M. le

général Barry, car le 38ᵉ de marche seul n'a eu aucune récompense à propos de cet acte honorable !!!

. . . .

. . . .

. . . .

. . . .

. . . .

. . . .

. . . .

. . . .

Sans votre cri en avant qui a entraîné votre 2ᵉ et 3ᵉ bataillon, Coulmiers n'aurait jamais été pris.

Je me souviens des dispositions du combat comme si c'était hier et pourquoi ? Parce que, placé pendant une partie de la journée en arrière-garde, dominant, de la position où nous étions, le château et le parc de Coulmiers, il m'était facile de suivre les péripéties de la lutte, non seulement de l'infanterie, mais encore de l'artillerie placée non loin de moi, jusque vers une heure, moment fatal où les munitions vinrent à manquer.

J'écrirais un volume, mais je m'arrête.

. . . .

21. — Lettre de M. le capitaine Lamotte, du 39ᵉ régiment d'infanterie (ancien lieutenant au 38ᵉ de marche, 3ᵉ bataillon, 4ᵉ compagnie), à M. le colonel Baille, le 9 février 1891. (Nᵒ 47 du dossier).

J'ai l'honneur de venir vous exposer les faits encore très précis à mon esprit sur le rôle qu'a joué la 4ᵉ compagnie du 3ᵉ bataillon du 38ᵉ régiment d'infanterie de marche, à laquelle j'appartenais comme lieutenant, à la bataille et à la prise de Coulmiers, le 9 novembre 1870.

Je me rappelle très bien qu'au début de l'action mon bataillon (3ᵉ) était en réserve tout près de la grande route, au Sud, et masqué, à la vue de l'ennemi embusqué dans le village, par une légère ondulation de terrain. Le bataillon est resté là en colonne double assez longtemps ; puis il s'est porté en avant toujours au Sud de la grand'route en marchant sur Coulmiers vers l'Est, jusqu'à environ 1.000 à 1.200 mètres. A ce point, il pouvait être 1 heure ou 1 heure 1/2, une partie du bataillon passa la route, côté du Nord, moins les deux premières compagnies, qui restèrent à droite de la route. Là, les compagnies se déployèrent ; ma compagnie, en tirailleurs, avait sa droite à la route, et à sa gauche les compagnies des capitaines de Marmiès et Vignon ; notre ligne était de prime abord en avant de carrières situées au Nord de la route et tout près de celle-ci. Cet obstacle a ralenti la marche en avant de ma compagnie, car un grand nombre d'hommes s'étaient embusqués dans ces carrières ; il y eut un moment d'hésitation de la part de ces hommes pour sortir de cet abri. A ce moment il pouvait être 2 heures et 1/2 ou 3 heures, une grêle de balles labourait le terrain que nous occupions. Il a fallu le calme et le sang-froid du capitaine Guiot, commandant la compagnie, pour entraîner d'un seul élan les quelques hésitants. Cet incident n'eut du reste qu'une courte durée.

A partir de ce moment, notre mouvement en avant n'a fait que s'accentuer, et c'est ainsi qu'en retraversant la route nous sommes entrés dans Coulmiers (angle Ouest du village). Les compagnies de Marmiès et Vignon ont continué leur mouvement en avant au Nord de la route ; il était peut-être 3 heures 1/2 ou 4 heures. Nous avons trouvé là dans un chemin, près d'une maison, un certain nombre de prisonniers bavarois gardés par des hommes du 38ᵉ et qui appartenaient, je crois, au 2ᵉ bataillon. Il y avait entre autres un soldat bavarois blessé, couché près d'une haie de jardin, qui pleurait et qui offrait à nos hommes les objets contenus dans son sac. Les hommes de ma compagnie ont pris une boîte en fer-blanc contenant des cartouches qu'ils se sont distribuées.

Nous sommes ensuite sortis du village dans la plaine Nord et nous avons poursuivi de nos feux, pendant quelque temps, l'ennemi, qui paraissait battre en retraite en désordre. Le bataillon a été ensuite rassemblé avec assez de difficulté à l'Est de Coulmiers ; il faisait déjà nuit. Il a été ensuite dirigé avec le régiment sur Epieds, où nous avons passé la nuit le long du mur du cimetière (côté Nord, je crois). Sur la route de Coulmiers à Epieds, et tout près de Coulmiers nous avons rencontré un convoi de prisonniers conduit, je crois, par un détachement du régiment. Un sous-officier bavarois présenta, en demandant qu'on ne lui fît point de mal, une photographie de femme et d'enfants ; sans doute c'était sa famille.

A la prise de Coulmiers, c'est-à-dire au moment de l'entrée dans ce village, ma compagnie a eu 3 ou 4 hommes tués et 7 blessés, dont je ne me rappelle plus les noms. Un calepin sur lequel je relatais jour par jour les divers incidents, ainsi que les noms des hommes tués, blessés et disparus, ce calepin a été pris avec mes bagages à l'Ecole militaire par les insurgés, lorsque le régiment a quitté Paris pour aller au camp de Satory, de sorte qu'il ne me reste plus que le souvenir.

Un huitième blessé, c'est le sergent Walaine, qui est devenu plus tard officier, a été blessé à la jambe droite par une balle au début de l'action, vers midi.

Au moment du déploiement, en avant de Coulmiers,

près de la grand'route, côté Nord, j'ai vu tomber un obus au milieu de la compagnie Vignon, et de fait, cette compagnie a eu d'un seul *coup 6 ou 7 hommes mis hors de combat, et qui sont restés sur le terrain.*

Tels sont, mon Colonel, mes souvenirs très exacts que j'ai l'honneur de vous adresser. Il me paraît bien difficile de contester la prise de Coulmiers par le 38e de marche, car c'est bien à lui seul que revient cet honneur.

Je vous vois encore, mon Colonel, muni de votre couverture grise sur les épaules, marchant en avant de nous, et nous enlevant au pas de course dans le village de Coulmiers en criant : « Braves du 38e, c'est notre tour ! »

22. — Déclaration de M. Santini, capitaine au 58e régiment d'infanterie (ancien lieutenant au 38e de marche) (3e bataillon, 3e compagnie), du 20 janvier 1891. (N° 33 du dossier.)

Je, soussigné, Santini, capitaine au 58e régiment d'infanterie, certifie sur l'honneur qu'à la bataille de Coulmiers, le 9 novembre 1870, la compagnie dont je faisais partie — 3e bataillon, 3e compagnie — (compagnie venue du 12e de ligne) a pénétré dans le parc de Coulmiers par le saillant Nord-Ouest, a franchi le village de ce nom, partie Ouest, et a traversé la route au Nord de ce village pour se porter en tirailleurs à quelques centaines de mètres au Nord de Coulmiers, sa gauche appuyée au chemin de Saint-Sigismond.

Le 3e bataillon du 38e de marche marcha sur le parc en bataille et essuya des coups de feu partant de la haie Sud dudit parc.

Aucune ligne de tirailleurs ne se trouvait donc de sa position de réserve au parc.

J'attribue cette absence de troupes sur une profondeur de 7 à 800 mètres environ, à la marche oblique à droite exécutée par des compagnies du régiment.

En traversant Coulmiers, *un soldat sous mes ordres fut blessé d'un coup de feu à une oreille.*

Dans une grange de Coulmiers, nous trouvâmes *des Allemands cachés sous la paille.*

Au rez-de-chaussée d'une maison isolée sur le chemin de Saint-Sigismond, un docteur allemand fut trouvé par moi soignant un blessé de sa nationalité.

Aucune troupe française n'avait franchi à la poursuite des Allemands le parc et la partie Ouest du village de Coulmiers.

De la maison où se trouvait le docteur allemand, *je vis la ligne ennemie battant en retraite.*

De cette même maison, je vis aussi sur ma gauche, à l'Ouest du chemin de Saint-Sigismond, de l'artillerie et de l'infanterie ennemie, battant en retraite, troupes chassées de leurs positions, je crois, par les 5ᵉ et 6ᵉ compagnies du bataillon, capitaines de Marmiès et Vignon.

23. — Lettre de M. le capitaine Romand (ancien sous-lieutenant au 38ᵉ de marche, 3ᵉ bataillon, 4ᵉ compagnie) à M. le colonel Baille, le 1ᵉʳ février 1891. (Nᵒ 30 du dossier.)

En réponse à la charmante lettre que vous m'avez fait l'honneur de m'adresser, je tiens à vous exprimer tout d'abord le plaisir qu'elle m'a procuré par le bon souvenir que vous avez bien voulu conserver de moi et aussi pour l'œuvre réparatrice que vous voulez bien entreprendre, laquelle, je n'en doute pas, mettra fin aux équivoques qui ont subsisté trop longtemps, concernant la part glorieuse prise par le 38e de marche à la bataille de Coulmiers.

J'appartenais alors à la 4e compagnie du 3e bataillon où j'étais sous-lieutenant.

Mes souvenirs personnels relatifs à cette journée me permettent d'affirmer :

1° Que jusque vers 3 heures de l'après-midi, le régiment était placé à l'Est de la route d'Orléans à Coulmiers, dans l'ordre normal des bataillons ; chacun de ces derniers était séparé du bataillon voisin par un intervalle, et le 3e bataillon, qui était appuyé à la route, était disposé en colonnes de division ;

2° Que le 3e bataillon, au moins, était couvert par une troupe en tirailleurs ; cette troupe devait être un bataillon de chasseurs à pied, car j'ai vu plusieurs soldats blessés vêtus de cet uniforme, que l'on transportait ou accompagnait en arrière ;

3° Que la route d'Orléans à Coulmiers était encombrée par une réserve d'artillerie qui était l'objectif de quelques batteries allemandes ; j'ai vu, en effet, tomber des obus sur cette réserve, et y occasionner des pertes et du désordre ;

4° Qu'à un signal donné, il était près de 4 heures du soir, le 3e bataillon s'est porté au pas de course sur le parc de Coulmiers, duquel il n'était alors séparé que de 600 à 800 mètres environ ; les 1re, 2e et 3e compagnies et une partie de la 4e compagnie pénétrèrent dans le parc, mais la partie de la 4e compagnie qui y pénétra avec moi n'y resta que très peu de temps, car je reçus l'ordre du capitaine Guyot de rejoindre la compagnie qui, ainsi que les 5e et 6e compagnies, avait pris position à peu près à hauteur du village de Coulmiers et à l'Ouest de la route d'Orléans ;

5° Que je n'ai vu aucune autre troupe concourir à l'enlèvement du parc ; néanmoins, je me souviens que quelques soldats d'infanterie, dont le numéro du régiment échappe à ma mémoire, étant égarés, sont venus vers 5 heures 1/2 demander à la compagnie de vouloir bien les renseigner sur la position occupée par leur régiment ;

6° Que, d'après la voix unanime du régiment, c'est le colonel Baille lui-même qui enleva le 38ᵉ à l'assaut du parc et du château et que, accompagné du capitaine adjudant-major Demy, il entra des premiers dans le village.

Je ne saurais vous répondre en ce qui concerne l'autorité qui a été chargée de réunir les prisonniers ; à la fin de la journée, alors que le régiment, ayant été rassemblé, se dirigeait sur le village d'Epieds, j'ai vu une vingtaine environ de Bavarois valides qui avaient été faits prisonniers dans le village.

Je ne puis vous préciser non plus le moment où le capitaine Valadier a été atteint.

La compagnie à laquelle j'appartenais, 4ᵉ du 3, a *eu 8 à 10 tués ou blessés;* parmi ces derniers était le sergent Valaine, qui devint lieutenant plus tard. L'adjudant Reversat, du 3ᵉ bataillon, fut atteint par une balle à un talon ; je ne l'ai plus revu depuis cette affaire. Je ne puis pas non plus vous renseigner sur le chiffre des pertes qui ont été subies par les autres compagnies du 3ᵉ bataillon.

Pour terminer ces renseignements, je croirais, mon Colonel, manquer à mon devoir en ne vous rappelant pas la belle conduite du commandant de ma compagnie, le capitaine Guyot, qui, par son énergie et sa bravoure, parvint à maintenir le demi-bataillon de gauche du 3ᵉ bataillon sur la position qu'il occupa après l'enlèvement du parc (Ouest de la route), malgré les nombreux obus et balles qui jetaient le désordre dans les compagnies voisines. J'eus encore, à la bataille de Loigny, où je fus blessé et fait prisonnier, l'occasion de reconnaître toute la valeur du capitaine Guyot, duquel je puis dire que c'est un des plus brillants soldats que j'aie connus.

Je regrette, mon Colonel, être aussi pauvre de renseignements et ne pouvoir contribuer davantage au triomphe du bon droit, mais le peu que je vous offre, je l'affirme sur mon honneur.

. . . .

24. — Lettre de M. le commandant Dourlens, ancien capitaine au 38ᵉ de marche (1ᵉʳ bataillon, 3ᵉ compagnie), à M. le capitaine d'Izarny-Gargas, le 28 juin 1887. (Nº 1 du dossier.)

. . . .

Le jour de Coulmiers, je me rappelle la confiance avec laquelle nous marchions à l'ennemi, notre impatience de le rencontrer et l'émotion qui nous envahit en entendant le premier coup de canon, les soldats du bataillon levant leurs fusils, beaucoup le képi au bout du canon, et criant : « Vive la France ! »

Le feu de l'artillerie que nous supportâmes ensuite, appuyant à droite, à gauche, calma pas mal cette ardeur ; cependant, quand l'ordre arriva d'avancer, il fut le bienvenu. Le 1ᵉʳ bataillon fut bien dirigé sur la droite du village, ma compagnie (la 3ᵉ) y entra par un chemin au Sud-Est et par les jardins. Camps (4ᵉ compagnie), qui était à ma droite, tourna complètement le village et fut engagé dans les petits bois. Je ne le revis qu'après le combat, près de la ferme d'Epieds. Quant au silence du rapport officiel, il ne s'explique pas plus pour cette affaire que pour le reste de la campagne. C'est à peine si Chanzy cite le 38ᵉ de marche, et quand il parle du colonel Baille, il l'accuse à tort d'avoir exposé une batterie au pont de Mer.

. . . .

25. — Lettre de M. le commandant Teissier (ancien capitaine au 38ᵉ de marche, 1ᵉʳ bataillon, 7ᵉ compagnie) à M. le colonel Baille, le 6 février 1891. (Nᵒ 46 du dossier.)

Je ne puis fournir que peu de renseignements au sujet du rôle joué à la bataille de Coulmiers par le 38ᵉ de marche.

Ma compagnie (7ᵉ du 1ᵉʳ bataillon) avait été déployée en tirailleurs pendant la marche en avant du 8 novembre. Le 9, jour de la bataille de Coulmiers, le commandant Gariod (tué le 2 décembre à Loigny), après avoir fait la reconnaissance du terrain, fit déployer la 6ᵉ compagnie (capitaine Cunche, blessé mortellement quelques instants après). Je ne puis affirmer que d'autres compagnies du bataillon furent déployées, mais

Dourlens, chef de bataillon en retraite à Crépy-en-Laonnois (Aisne);

Camps, chef de bataillon, commandant le recrutement à Avignon;

Busco, major au 1ᵉʳ régiment étranger;

Labadie, capitaine au 56ᵉ de ligne (blessé à Coulmiers),

qui appartenaient au 1ᵉʳ bataillon, pourront sans doute vous donner des renseignements sur le rôle joué par leurs compagnies respectives pendant la bataille.

Le 1ᵉʳ bataillon, sous les ordres de son chef, a exécuté, en arrière de la ligne des tirailleurs, les mouvements nécessités par les diverses péripéties de la bataille. Comme les projectiles tombaient sur nous, je ne pouvais guère m'occuper d'autre chose que de surveiller mes hommes, un peu émotionnés, et exécuter les ordres donnés par le chef de bataillon, aussi m'est-il impossible de donner des renseignements précis sur les mouvements exécutés par les 2e et 3e bataillons du régiment, et sur les heures des différentes phases de l'action.

Au moment de la prise de Coulmiers, et lorsque nous entendions les cris de victoire poussés par nos camarades, la Légion étrangère arrivait sur le champ de bataille et passait à côté de nous. Un capitaine de ce régiment me demanda comment allaient nos affaires. Je lui répondis : Vous voyez, ça va très bien; la position vient d'être enlevée et l'ennemi est en fuite.

Lorsque le général Barry affirme que le 38e de marche opérait sur la droite, il prend le 1er bataillon du régiment et la Légion étrangère pour le 38e tout entier, et il n'aperçoit autour de lui que les mobiles de la Dordogne.

. . . .

. . . .

. . . .

Lorsque le premier bataillon eut terminé son mouvement et que nous retrouvâmes dans le village les 2e et 3e bataillons, il était déjà nuit, et je ne puis affirmer avoir vu les prisonniers faits par le régiment.

Ma compagnie n'a eu ni tués ni blessés pendant la journée du 9 novembre 1870.

Je n'ai pas lu l'article publié dans le *Temps* par le général Barry; mais je sais que depuis vingt ans on raconte la bataille de Coulmiers d'après la légende. On ne voit que le général se portant sur Coulmiers, la canne à la main, criant : « En avant la Dordogne! »

L'histoire de la bataille de Coulmiers, telle qu'elle s'écrit aujourd'hui, a été publiée par les journaux de l'époque, sans doute d'après les relations de

l'état-major divisionnaire, et il n'y a rien d'étonnant
que votre rapport, fourni deux jours après la bataille,
et qui changeait beaucoup les rôles, ait été égaré
volontairement.

Au 38ᵉ, nous nous sommes toujours contentés de
critiquer cette légende de nos braves mobiles de la
Dordogne, lorsque nous étions réunis ; mais aujour-
d'hui, après vingt années de légende, il est bien
difficile de faire prévaloir l'histoire, surtout lorsque
le chef est intéressé à la connaître si peu.

Il y a quelques mois à peine, on élevait un monument aux mobiles de la Dordogne morts pendant la
guerre de 1870, et un ministre représentait le gou-
vernement à cette cérémonie. Beaucoup de discours
furent prononcés. On y parla, bien entendu de la
bataille de Coulmiers et du rôle qui y fut joué par
les mobiles de la Dordogne. Le général Barry, qui
devait avoir fourni des renseignements, fut porté au
pinacle ; mais, dans tous ces discours, je doute fort
que le souvenir du 38ᵉ de marche ait été évoqué.

De tout ce qui précède, il résulte que le général
Barry est obligé, aujourd'hui, de nier l'exactitude
de l'historique du 38ᵉ de marche, et d'attribuer aux
mobiles de la Dordogne la prise du parc de Coulmiers.

Permettez-moi, mon Colonel, de vous féliciter et
de souhaiter que vous réussissiez, après 20 ans de
légende, à reconstituer un fait historique qui, à
l'époque où il se produisit, fit tressaillir la France
entière, lorsqu'elle apprit le résultat de notre victoire
de Coulmiers, où le régiment que vous commandiez
se conduisit d'une manière si brillante et si héroïque.

. . . .

26. — Déclaration du major Busco du 1ᵉʳ Étranger (ancien lieutenant au 38ᵉ de marche, 1ᵉʳ bataillon, 1ʳᵉ compagnie, du 27 janvier 1891. (Nᵒ 31 du dossier.)

Je, soussigné, Busco, major au 1ᵉʳ régiment étranger, certifie ce qui suit :

En 1870, à la bataille de Coulmiers, j'appartenais à la 1ʳᵉ compagnie du 1ᵉʳ bataillon du 38ᵉ de marche. Vers la fin de la bataille, le 1ᵉʳ bataillon fut détaché à la droite de la division pour tourner le village ; je commandais la ligne de tirailleurs qui couvrait ledit bataillon ; j'affirme que le 1ᵉʳ bataillon seul fut employé à ce mouvement tournant ; mes souvenirs sont on ne peut plus précis à ce sujet.

Le soir de la bataille, j'ai appris dans Coulmiers que le régiment avait enlevé ce dernier village et avait entraîné à sa suite les mobiles de la division.

27. — Déclaration de M. Camps, commandant le bureau de recrutement d'Avignon (ancien capitaine au 38ᵉ de marche, 1ᵉʳ bataillon, 4ᵉ compagnie), du 22 janvier 1891. (Nᵒ 28 du dossier.)

Je soussigné, Camps Joseph-Antoine-Jean, chef de bataillon, commandant le bureau de recrutement d'Avignon, certifie ce qui suit :

J'étais en 1870 capitaine au 38ᵉ régiment de marche, et commandais la 4ᵉ compagnie du 1ᵉʳ bataillon.

Le 9 novembre, à la bataille de Coulmiers, le régiment est resté en réserve pendant la première partie de la journée, à 3 kilomètres environ à l'Ouest de ce village.

Entre 2 et 3 heures de l'après-midi, il a repris sa marche en avant.

Ma compagnie et celle du capitaine Orlanducci, 5ᵉ compagnie du 1ᵉʳ bataillon, ont opéré ensemble.

4

Conduites par le commandant Gariod, elles se sont dirigées en avant et vers la droite pour tourner le village, dans lequel nous sommes entrés vers 5 heures du soir par son extrémité Est.

En ce moment, le village était occupé par le 38ᵉ de marche. Je me souviens y avoir vu aussi quelques isolés d'autres corps, mais en très petit nombre. Pendant sa marche, la compagnie n'a pas rencontré de résistance sérieuse ; elle a eu deux soldats blessés.

Je n'ai pas pris part à l'attaque directe de Coulmiers, mais le même soir, au campement d'Epieds, nous avons tous su que la plus grande partie du régiment, son lieutenant-colonel en tête, avait attaqué le village et le parc, et s'en était emparé.

28. — Lettre de M. Prospéri (ancien lieutenant au 38ᵉ de marche, 1ᵉʳ bataillon, 1ʳᵉ compagnie) à M. le colonel Baille, le 31 janvier 1891. (Nº 29 du dossier.)

Je m'empresse de répondre à votre lettre-circulaire concernant la bataille de Coulmiers. Malheureusement, je dois vous l'avouer, mes souvenirs ne sont plus très précis à ce sujet. Je puis bien vous donner à peu près exactement les faits auxquels j'ai pris part, mais pour les autres je n'en puis répondre.

J'étais alors lieutenant à la compagnie Orlanducci (1ʳᵉ du 1ᵉʳ) ; c'est la compagnie qui a été déployée en tirailleurs dès le point de départ, et qui a donné la première du bataillon à l'attaque de Coulmiers. Nous étions à la droite du village, et avons marché avec beaucoup d'entrain, comme tout le régiment d'ailleurs. Je me souviens très bien que nous avons délogé les derniers Prussiens qui occupaient le village de ce côté.

A ce moment, la nuit commençait à tomber, et

c'est cette circonstance, jointe à notre extrême fatigue, qui nous a empêchés de les poursuivre.

Voilà pour ce qui concerne mes souvenirs personnels ; de ceux-là, j'en garantis l'exactitude. Ils viennent de m'être confirmés par mon camarade Antonetti, capitaine en retraite ici, 66, avenue de la gare, lequel était également au 1er bataillon, compagnie Camps.

Je sais aussi que, pendant ce temps-là, les deux autres bataillons donnaient sur notre gauche, l'un des deux, ou peut-être les deux, avec les mobiles de la Dordogne. Pendant le reste de la campagne, nous nous amusions à répéter le mot de Coulmiers : « En avant la Dordogne ! »

J'ai toujours entendu dire que le régiment s'était emparé du parc et que l'on avait fait des prisonniers, mais je ne puis préciser davantage.

Il est en tous cas inexplicable que votre rapport ait été égaré. La conduite du général Barry, dans cette affaire, n'est nullement correcte : Si, en effet, il n'a pas reçu votre rapport, son devoir était de vous le demander. Du reste, ce général n'a déployé aucun entrain pendant toute la campagne. Sa division était composée de vieux soldats rappelés ; s'il avait su les conduire et les enlever, nous aurions pu faire beaucoup. Il traversait nos rangs silencieux et morne (quand il y était obligé), sans jamais nous adresser une parole d'encouragement.

Voilà, mon Colonel, tout ce que je puis vous dire sur la bataille de Coulmiers.

. . . .

29. — Lettre de M. le capitaine Galais du 38ᵉ de ligne (ancien sous-officier au 38ᵉ de marche, 3ᵉ bataillon, 1ʳᵉ compagnie), à M. le colonel Baille, le 17 février 1891. (Nᵒ 53 du dossier.)

Je vous prie de m'excuser du retard que j'ai apporté pour répondre à la lettre circulaire que vous m'avez adressée vers la fin du mois de décembre dernier ; n'ayant pu retrouver certains documents que j'avais conservés qui auraient pu m'être très utiles dans cette circonstance, j'ai dû longuement faire appel à mes souvenirs pour me rappeler des faits aussi lointains. Après avoir longtemps recherché dans mes souvenirs, je les trouve parfaitement en concordance avec la relation écrite à l'historique du régiment, en ce qui concerne la prise de Coulmiers ; du reste, mon Colonel, la protestation que nous avons signée en 1873 le prouve, car, à ce moment, nous avions tous ces faits bien présents à la mémoire.

30. — Lettre de M. Ricard (ancien sous-officier au 38ᵉ de marche, 3ᵉ bataillon, 4ᵉ compagnie) à M. le colonel Baille, le 18 février 1891. (Nᵒ 51 du dossier.)

Vous me demandez de vous faire connaître tous les faits dont ma mémoire a gardé le souvenir depuis la campagne de 1870-1871 et principalement de la bataille de Coulmiers ; ce qu'a fait le régiment dont vous étiez le chef (38ᵉ de marche) et surtout la place occupée par le bataillon et la compagnie dont je faisais partie.

Je vais le faire avec d'autant plus de plaisir que mon devoir m'y oblige.

Le 9 novembre 1870, le régiment prit les armes de bonne heure, mais resta en réserve une bonne partie de la journée (surtout le 3ᵉ bataillon auquel j'appartenais).

Ce n'est que vers 3 heures ou 3 heures 1/2 du soir que nous nous portâmes en avant pour l'attaque ; nous étions, avant ce mouvement, placés en bataille sur la droite de Coulmiers ; à l'heure à peu près indiquée ci-dessus, le commandement de nous porter en avant nous fut donné. Nous partîmes en obliquant à gauche, traversant la route qui de Coulmiers se dirige sur Orléans ; lorsque le bataillon (3e) se trouva en face du côté gauche du parc, l'on nous fit déployer en tirailleurs, et on nous lança à l'attaque au pas gymnastique.

Le brave commandant La Flèche entra hardiment dans le parc à la tête des 1re, 2e et 3e compagnies du 3e bataillon, tandis que les 3 compagnies de gauche (c'est-à-dire 4e, 5e et 6e), capitaines Guyot, Vignon et de Marmiès, attaquaient le parc par le flanc en faisant une conversion à droite.

La droite de la 4e compagnie dont je faisais partie (capitaine Guyot) était appuyée au parc, tandis que la 6e compagnie formait l'aile marchante ; d'après ce mouvement, nous n'étions donc pas sur la droite du parc.

Et comme les 3 compagnies du 3e bataillon qui entraient de front dans le parc (côté gauche) n'avaient pas assez d'étendue, il est plus que probable que le 2e bataillon était à la droite du 3e, car il n'est pas admissible que l'on eût intercalé les mobiles de la Dordogne ou le 31e de ligne entre deux bataillons du 38e de marche.

Après avoir enlevé le parc et le château, le régiment se reforma sur les derrières du parc, et revint en arrière coucher à Epieds.

Voilà, mon Colonel, ce qui s'est passé sous mes yeux à Coulmiers et dont j'ai gardé le ferme souvenir.

. . . .

31. — Lettre de M. l'abbé Charpentier, curé actuel de Coulmiers, à M. le capitaine d'Izarny-Gargas, le 12 avril 1889. (Nᵒ 3 du dossier.)

Je me suis adressé à M. de Gourcy, à M. de Villebonne, et à quatre autres personnes de Coulmiers, aucune n'a pu me renseigner exactement sur le détail que vous me demandez, c'est-à-dire sur le numéro du régiment ; mais toutes sont d'accord sur le fait de la demande de protection faite par M. le curé de Coulmiers pour les blessés allemands qui se trouvaient alors dans le château. Sans doute, ces personnes n'ont pas vu M. le Curé au moment même où il sortait du château, parce que le danger était alors très grand de se montrer au dehors ; mais j'ai entendu raconter tant de fois le fait lui-même qu'il ne peut faire de doute pour personne ; et si vous avez le témoignage du colonel et de plusieurs anciens officiers, j'estime que celui du curé de Coulmiers, précieux sans doute à plus d'un titre, n'est pas d'une nécessité absolue pour établir la réalité de l'entrée du 38ᵒ dans le parc du château au début de la victoire, car si votre régiment n'était pas entré le premier après le départ des Prussiens, M. le Curé n'aurait pas eu besoin de s'adresser au colonel ou au commandant d'un autre régiment, qui serait venu à la suite du premier.

. . . .

Je prie ceux de mes anciens compagnons d'armes du 38ᵉ de marche à qui je n'ai pu faire appel, parce que j'ignore leur adresse, et qui auraient communication de cette brochure, de vouloir bien m'adresser directement leurs souvenirs à Gray (Haute-Saône).

**32. — Lettre du général Barry au journal « Le Temps »,
du 9 août 1889.** (N° 55 du dossier.)

On me met sous les yeux le numéro du journal
Le Temps du 23 juillet dernier contenant, sous ce
titre : « La vie militaire » et sous la signature du
général Thoumas, un article où l'ex 38° de marche
revendique, par une catégorique protestation, à son
unique profit et au détriment de l'ex 22° mobiles,
l'honneur d'avoir pénétré seul dans Coulmiers et de
s'être emparé seul du parc et du château.

En ma qualité d'ancien commandant de la 2° division du 16° corps de l'armée de la Loire, *ayant tout
dirigé et commandé* dans l'attaque du village, je
crois devoir quelques mots de réponse à cet article
et à cette protestation.

Je m'étonne d'abord que ce soit après dix-neuf ans
écoulés qu'une telle protestation arrive, pour la première fois et indirectement, à ma connaissance, et je
commence à déclarer que le brave et excellent colonel
Baille, qui a pour ainsi dire vécu côte à côte avec
moi, à Lyon, depuis juillet 1871 jusqu'à la fin de 1873,
c'est-à-dire postérieurement à la publication des livres
des généraux d'Aurelles et Chanzy, ne m'a jamais
fait aucune communication à ce sujet. Depuis 1873,
on pouvait s'adresser à moi, soit à Perpignan, où j'ai
commandé longtemps, soit à ma résidence de retraite.

J'ai lieu de m'étonner ensuite de l'intervention, un
peu partiale, de M. le général Thoumas, dont je suis
loin de méconnaître le talent et les mérites, mais qui,
en somme, n'était pas à Coulmiers ni à l'armée de la
Loire, et ne me semble pas, pour ce motif, en situa-
tion d'apprécier exactement un fait de guerre, dont
la plupart des témoins et acteurs sont encore vivants,
et de conclure en réclamant une enquête.

Cette double réserve exprimée, il me suffira de rappeler ici, le plus brièvement possible et avec l'autorité du chef responsable et impartial, comment et par qui a été enlevé le parc de Coulmiers, et j'ai lieu d'espérer qu'après ce simple exposé des faits la question ne laissera aucun doute dans les esprits, pas plus aux yeux du 38ᵉ de marche, auquel je me plais à rendre ici un public hommage pour son admirable conduite pendant toute la campagne, qu'à ceux de tous les autres corps de la division.

Il était 4 heures du soir ; le jour commençait à baisser, nos affaires n'avançaient pas, tous les bataillons de ma division étaient engagés, soit contre le village, soit contre le parc. Toutes les tentatives faites pour tourner le village par la droite avaient échoué, la journée allait être perdue. Un suprême effort restait à tenter, l'attaque de front du parc d'où les Bavarois, embusqués dans le fossé et les batteries qui les soutenaient, inondaient de balles et de mitraille tout ce qui se montrait en avant.

Je m'y résolus instantanément. Je prescrivis au commandant de mon artillerie, lieutenant-colonel de Noüe, de redoubler son feu, de façon à éteindre ou détourner celui des batteries du parc ; je fis prévenir en même temps tous les corps, dont le 38ᵉ, *opérant sur la droite*, qu'ils tentassent un dernier et vigoureux effort, pendant que j'attaquerais le parc de front ; puis voyant peu après l'artillerie opposée ralentir sensiblement son feu, je mis pied à terre avec tout mon état-major, et, payant de ma personne, l'épée à la main, je me mis à la tête du seul bataillon que je trouvai à ma portée en face du parc, le 1ᵉʳ bataillon du 22ᵉ mobiles, commandant de Chadois, et tous ensemble, à la sonnerie de la charge et aux cris mille fois répétés de : « En avant ! Vive la France ! Vive la Dordogne ! », nous nous élançâmes sur le parc sous une grêle de balles et de mitraille.

Cette attaque inopinée d'une troupe marchant déployée sans tirer un coup de fusil, et que l'ennemi devait prendre pour le premier échelon d'une colonne d'assaut ; ces cris, cet élan, puissamment secondés d'ailleurs par les efforts enfin décisifs des corps *engagés sur la droite,* jetèrent l'indécision dans les rangs des Bavarois, qui abandonnèrent la position et se mirent en pleine retraite.

Ce succès inespéré n'avait pas été sans pertes sensibles. Un des officiers de mon état-major, le jeune capitaine de Gravillon, fut tué à mes côtés, d'une balle au front, à cent pas du parc ; le commandant de Chadois, dont l'héroïque conduite dans cette circonstance ne saurait être assez admirée, fut blessé grièvement d'une balle à l'aine et d'une autre au cou ; les mobiles eurent 7 hommes tués, 113 blessés, dont 2 officiers.

Tout cela s'était passé en moins d'une demiheure.

Arrivé à la lisière du parc, le bataillon s'arrêta et se reforma ; je passai rapidement devant son front et, après avoir embrassé avec une effusion et une joie patriotiques l'héroïque commandant de Chadois, tout saignant de ses blessures, j'adressai quelques chaleureuses paroles de félicitation à ces jeunes mobiles qui voyaient le feu pour la première fois, et *je pénétrai dans le parc.*

Il était entièrement évacué. Je vis aussitôt venir à moi, sortant du château, deux officiers bavarois blessés, me tendant leurs épées que je leur rendis. Je vis arriver également le général de brigade d'Ariès, du 15ᵉ corps, dont les troupes avaient emporté dans la matinée les positions de Baccon et de Grand-Lus, et qui était venu, sur l'ordre du général d'Aurelles, *appuyer du précieux concours de sa brigade notre attaque du village.*

Ce sont les seules personnes que je rencontrai en me dirigeant sur le château.

Peu d'instants après, je reçus du général Chanzy, à qui j'avais envoyé un officier de mon état-major, le capitaine de Mandat de Grancey, aujourd'hui colonel, pour l'informer sommairement de l'état des choses, l'ordre d'aller immédiatement, avec ma première brigade, prendre position à la ferme de l'Ormeteau, la deuxième brigade au village d'Epieds. Cet ordre était donné en prévision d'un retour offensif de l'ennemi qui n'avait pas été poursuivi, notre cavalerie s'étant retirée du champ de bataille après des pertes sérieuses.

Telle est la vérité sur cet épisode de la journée de Coulmiers. Dans mon rapport officiel établi quelques jours après sur ceux de tous les corps de la division, je n'ai pas manqué, rendant justice à chacun, de signaler la brillante conduite du 38ᵉ de marche et de son très vaillant colonel, mais il résulte invinciblement des détails qui précèdent et j'affirme une fois de plus que c'est au 1ᵉʳ bataillon du 22ᶜ mobiles, commandant de Chadois, que revient l'honneur de l'enlèvement du parc de Coulmiers.

33. — Notes du général Barry adressées à M. le capitaine d'Izarny-Gargas (1) **en 1889.** (Nᵒ 17 du dossier.)

NOTE Nᵒ 1 RELATIVE A LA PAGE 517 DE L'HISTORIQUE DU RÉGIMENT

Ce n'est pas dans la marche sur Coulmiers que les soldats levaient leurs fusils, le képi au bout du canon,

---

(1) Dans sa lettre du 20 août 1889, M. le général Barry a bien voulu autoriser le capitaine d'Izarny-Gargas à faire de ses notes l'usage qui lui conviendrait, ce qui nous a permis de mettre les affirmations du général en regard de celles des officiers du 38ᵉ.

en criant : « Vive la France ! » du moins je n'ai rien
remarqué de semblable, c'est à l'assaut du parc que
ces cris se firent entendre et c'est le commandant de
Chadois qui, sur son cheval blanc, à 30 pas de son
bataillon déployé, agitait son képi au bout de son
épée. Voilà ce que j'ai vu à ce moment et ce que je
n'ai plus revu au cours de la campagne.

NOTE N° 2 RELATIVE A LA PAGE 518 DE L'HISTORIQUE DU RÉGIMENT

Ce n'est pas pour attendre l'entrée en ligne de la
division Peytavin que j'interrompis la marche en
avant de la première brigade, c'est pour obliquer à
gauche et soustraire mon flanc droit au feu des batteries de Baccon ; c'est aussi pour attendre les ordres
du général en chef à qui j'avais envoyé demander si
je devais répondre à cette canonade inattendue. Cet
incident retarda d'une heure l'arrivée de ma division
en face de Coulmiers.

NOTE N° 3 RELATIVE A LA PAGE 520 DE L'HISTORIQUE DU RÉGIMENT

Mes souvenirs me rappellent clairement que ce fut
bien plus tôt, c'est-à-dire vers 2 heures, que je fus
avisé que le lieutenant-colonel de Foulongue était
mortellement blessé. Quant au commandant de
Chadois, ce n'est qu'à la dernière attaque, où j'étais
de ma personne, et tout près du parc qu'il reçut la
blessure à l'aine qui le força de descendre de cheval
et de me présenter à pied son bataillon sur la lisière
du bois évacué, *ipso facto*, par l'ennemi, et où
purent dès lors pénétrer et le dépasser, sans coup
férir, le 38e, le 31e et les chasseurs à pied.

NOTE N° 4 RELATIVE A LA PAGE 521 DE L'HISTORIQUE DU RÉGIMENT

Le terrain était ferme, nullement détrempé, puisque le temps s'était remis au beau depuis le 7

(Voyez p. 516) et ne pouvait ralentir l'élan des soldats.

Ce n'est pas du tout au moment où le 38ᵉ entrait dans le parc, précédé de ses tirailleurs, et déterminait ainsi la retraite des Bavarois, que je me suis élancé au milieu des mobiles, en cherchant à les entraîner, ce qui n'était pas plus difficile que d'enfoncer une porte ouverte. C'est une demi-heure auparavant, au moment où je regardais la journée comme perdue. Je m'en tiens, pour tout ceci, à mon récit du 9 août dans le *Temps*, et je persiste invariablement dans ma conviction absolue que sans l'attaque de front du parc par les mobiles, enlevés par le général de division en personne et par leur héroïque commandant, les Bavarois restaient maîtres de la position et la journée était perdue.

Le 38ᵉ de marche se plaint *amèrement*, et en protestant sans mesure, que le général d'Aurelles ne l'ait pas nommé dans son rapport sur le combat de Coulmiers. J'affirme que le mien sur cette même affaire mentionne expressément et en termes très élogieux la participation du 38ᵉ de marche au succès de la journée, en ne le séparant pas, toutefois, de celle du 31ᵉ, *qui se joignait à lui par sa droite* et opérait dans le même rayon d'action. Je me rappelle, en outre, que dans mes propositions de récompenses figurait le lieutenant-colonel Baille pour le grade de colonel, récompense qu'il obtint peu de temps après. Dois-je ajouter que je glissais très légèrement sur ce qui m'était personnel dans ce fait de guerre, faisant ressortir particulièrement la part qui revenait à mes subordonnés ?

Quant à l'oubli du 38ᵉ de marche dans le rapport et le livre du général d'Aurelles, je ne me l'explique en aucune façon et je le regrette profondément et autant que qui que ce soit. Pour ce qui est de la disparition du rapport du lieutenant-colonel Baille, je me l'explique jusqu'à un certain point par le désordre extrême qui a régné en toutes choses à partir de la retraite de Loigny et surtout par l'absence de mon chef d'état-major, commandant Masson, qui, blessé à Loigny, dut quitter son poste et ne fut pas remplacé. Ce n'est pas la seule pièce qui doit manquer dans les archives de la 2ᵉ division.

NOTE Nº 7. — EXTRAIT D'UNE LETTRE DU GÉNÉRAL BARRY A M. LE CAPITAINE D'IZARNY-GARGAS DU 28 SEPTEMBRE 1889. (Nº 18 du dossier.)

. . . .

Oui, le général d'Aurelles a pu se tromper dans son rapport officiel, et j'en ai une preuve dans ce triple fait qu'il me fait arriver devant Coulmiers à 2 heures 1/2, au lieu de 11 heures 1/2 ; en second lieu qu'aucun tirailleur de la division Peytavin ne m'y avait précédé, et qu'enfin l'entrée en ligne et le concours de la brigade d'Ariès n'arrivèrent à ma connaissance que par ce rapport même.

Je ne puis attribuer qu'à une erreur de ce genre l'oubli, dans le rapport officiel, des 38ᵉ et 31ᵉ de marche, très brillamment cités dans mon rapport au général Chanzy.

NOTE Nº 8. — EXTRAIT D'UNE LETTRE DU GÉNÉRAL BARRY A M. LE CAPITAINE D'IZARNY-GARGAS, LE 12 OCTOBRE 1889. (Nº 20 du dossier.)

. . . .

La participation de la brigade d'Ariès à l'enlèvement de Coulmiers n'est parvenue à ma connaissance que par le livre du général d'Aurelles. Je n'avais reçu de ce dernier aucun avis à son sujet. Le général d'Ariès devait au moins me faire prévenir de son arrivée et se mettre à ma disposition et, quand il est venu à moi dans le parc, il était absolument seul, ne m'a pas dit un mot (rendu compte verbal) de la coopération de sa brigade, et j'ai tout simplement pensé qu'il était venu là en amateur, les troupes du 15ᵉ corps étant au repos depuis l'enlèvement du Grand-Lus. Qu'avait-il donc fait de sa brigade ? Il est vrai qu'il a couché à Coulmiers, mais c'est l'ordre de bataille qui en avait décidé ainsi, dans l'attente d'un retour offensif, car j'avais peut-être quelques droits à coucher sur la position.

Il est hors de doute que le rapport du général d'Aurelles a été établi, pour tout ce qui concerne le 16ᵉ corps, sur celui du général Chanzy, partant sur le mien. Or, je le répète, mon rapport attribue une part brillante dans le succès aux 38ᵉ, 31ᵉ, 7ᵉ chasseurs. Je m'y suis même à peu près effacé personnellement pour faire, comme je l'ai toujours fait, valoir les miens. Je suis donc à l'abri de tout reproche de ce côté, et quand j'affirme une chose j'ai droit d'être cru.

34. — Extrait du journal « La France » du 2 septembre 1889. (Nº 56 du dossier.)

. . . . . Le général Barry, dans sa lettre, dit que le 38ᵉ de marche opérait sur la droite au moment de

l'assaut donné par le 22ᵉ mobiles. Or, les officiers du
38ᵉ affirment que la 2ᵉ brigade fut d'abord placée en
réserve derrière la gauche de la 1ʳᵉ, que le 1ᵉʳ bataillon du 38ᵉ fut seul dirigé sur la droite, que la
1ʳᵉ compagnie du 2ᵉ bataillon fut portée en avant,
sur l'ordre même du général, pour entraîner les
mobiles, et enfin que les deux derniers bataillons se
déployèrent à la gauche de la ligne du 22ᵉ mobiles
pour marcher sur le parc. Ce sont des choses qui
ne s'inventent pas. Les détails donnés par les officiers du régiment, qui furent non seulement les
témoins, mais encore les acteurs de ces faits, sont
précis.

Si nous poursuivons l'examen du récit du général
Barry, nous n'y trouvons rien qui soit en contradiction absolue avec celui du 38ᵉ de marche. En y
regardant de près, on voit, au contraire, que le
premier vient souvent à l'appui des affirmations du
second. La bonne foi est évidente des deux côtés.

Le général reconnaît, en effet, que le parc de
Coulmiers était évacué quand il arriva sur la lisière
avec le 1ᵉʳ bataillon du 22ᵉ mobiles. Il ajoute qu'avant
de pénétrer dans ce parc il arrêta son bataillon,
passa rapidement devant son front, embrassa le commandant Chadois, et adressa de chaleureuses félicitations aux jeunes mobiles qui voyaient le feu pour
la première fois.

Le spectacle était grandiose ; mais les choses se
seraient-elles passées ainsi si les Bavarois n'avaient
abandonné la position que devant l'attaque du
bataillon que conduisait le général Barry ? La pos-
session de la lisière du parc de Coulmiers n'assurait
pas la victoire, et il est probable que le général se
serait empressé de poursuivre l'ennemi pour com-
pléter son premier succès, ou bien il aurait manqué
aux règles les plus élémentaires de l'attaque d'une
position.

Si le parc était évacué par les Bavarois quand le général Barry y arriva, c'est tout simplement parce qu'il avait été déjà traversé par les deux bataillons du 38ᵉ de marche, lesquels avaient rejeté l'ennemi au-delà du village et jusqu'à la route d'Orléans.

En se dirigeant vers le château, le général Barry vit arriver le général d'Ariès, dont la brigade, dit-il, était venue appuyer l'attaque de Coulmiers. Or, le témoignage même de l'officier d'ordonnance du général d'Ariès, témoignage cité par le capitaine Bois dans son beau livre « Sur la Loire, batailles et combats », prouve que ce général et ses troupes arrivèrent au parc quand le combat avait cessé.

Dans le récit du colonel Baille, commandant le 38ᵉ de marche, l'arrivée de son régiment est marquée par l'intervention du curé de Coulmiers, qui se porta au devant du colonel arrivant par le parc à la tête de deux bataillons, pour lui demander d'assurer la protection des blessés bavarois soignés dans le château. Ce fait est connu de tous les habitants de Coulmiers.

S'il y avait doute sur la personne et la qualité du chef auquel s'adressa le curé de Coulmiers, le récit du général Barry prouve, dans tous les cas, que ce n'est pas à lui, puisqu'il dit n'avoir vu que deux officiers bavarois qui lui remirent leurs épées. Il n'est donc pas le premier qui ait pénétré dans le parc de Coulmiers, car il est certain que le curé s'adressa au chef des premières troupes qui se présentèrent.

Il est certainement malheureux que la protestation des officiers du 38ᵉ de marche soit aussi tardive, mais on en trouvera l'explication dans l'historique du 38ᵉ (1).

---

(1) L'explication est facile. Je n'ai eu connnaissance des termes du rapport de M. le général Barry que par sa lettre

NOTE FINALE

En présence des témoignages unanimes et formels contenus dans les lettres des officiers survivants du 38ᵉ de marche, il me semble que la preuve de mes affirmations relativement au rôle du 38ᵉ à Coulmiers est en quelque sorte surabondante, et que l'évidence est absolue. J'ajouterai que notre revendication n'a pas été tardive comme le prétend la lettre de M. le général Barry. A la date du 9 novembre 1870, le Journal des marches et opérations du 38ᵉ de marche porte la mention de la prise du parc de Coulmiers par le 3ᵉ bataillon du régiment (Pièce justificative n° 1). On retrouvera cette même affirmation, j'en suis certain, dans la feuille individuelle fournie par M. le commandant La Flèche (3ᵉ bataillon) à la Commission des grades en 1871, et conservée dans son dossier au ministère de la guerre.

En 1873, en transmettant au Ministre de la guerre l'historique du 38ᵉ de marche, les anciens officiers protestent contre la légende qui attribue aux mobiles de la Dordogne la prise du village de Coulmiers et revendiquent cet acte honorable pour le 38ᵉ (Pièce n° 2).

C'était là tout ce qu'il nous était possible de faire à cette époque, dans l'ignorance où nous étions des

au *Temps* du 9 août 1889, et c'est seulement le 18 décembre 1890 que j'ai obtenu, *par exception*, l'autorisation de prendre communication de ce rapport. Immédiatement, j'ai commencé l'enquête dont ma brochure donne les résultats.

termes du rapport de M. le général Barry et de la
perte de mon compte rendu, à moins de recourir à
la presse, ce que nous voulions et voulons encore
éviter.

La lettre de M. le général Barry au *Temps*, en me
révélant enfin de qui provient l'erreur dont nous
nous plaignons à si juste titre et qui nous a été si
préjudiciable, me donne une occasion de renouveler
notre réclamation. Je la saisis avec l'espoir que M. le
Ministre voudra bien l'accueillir sous cette forme
plus précise, plus formelle et mieux documentée.
Faire justice, n'est-ce pas le privilège et même la
raison d'être du pouvoir ?

AUX OFFICIERS SURVIVANTS

DU 38ᵉ DE MARCHE

Quant à vous, mes vieux et chers compagnons
d'armes, vous savez maintenant, vous voyez clairement le point de départ, la source de l'oubli dans
lequel on nous a laissés. Non seulement jamais une
parole d'encouragement ne nous a été adressée pendant toute la campagne, si terrible pour nous, mais
un fait connu de tous, devenu le lieu commun de nos
conversations, a été, est encore nié et attribué à
d'autres. Je ne pouvais pas supposer, je me refusais à
croire, que notre divisionnaire pouvait ignorer ce fait
dont nous parlions publiquement chaque jour, et qui
avait fait l'objet d'un rapport étendu et circonstancié.
Pourtant, la suite l'a trop prouvé, notre général avait
été induit en erreur, et les conséquences en ont été
cruelles pour nous tous.

Il me semble que cette erreur d'un officier général
qui se trompe sur l'ordre de bataille des quatre corps
de la division, qui place à la droite un régiment qui
était à la gauche, devrait suffire pour ouvrir les yeux
aux plus prévenus.

Espérons que justice nous sera enfin rendue. Plus
les années s'écoulent, plus je pense à mon vaillant
38ᵉ, si dévoué et si méconnu, et plus je regrette
d'avoir été, d'être encore impuissant à faire valoir
ses titres d'honneur ; plus aussi je reconnais que
mes officiers, sous-officiers et soldats ont fait leur

devoir, tout leur devoir jusqu'à la limite extrême du possible. Je les en remercie du fond du cœur ; je suis extrêmement touché des nombreuses expressions de leurs bons souvenirs, et je leur renouvelle ici l'assurance de l'affection profonde et de la reconnaissance de leur ancien colonel.

BAILLE,

Colonel en retraite, à Gray (Haute-Saône).

TABLE DES MATIÈRES

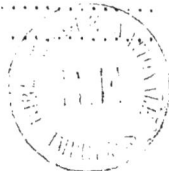

Saint-Etienne, imp. Théolier et Cie, rue Gérentet, 12.

190

www.ingramcontent.com/pod-product-compliance
Lightning Source LLC
Chambersburg PA
CBHW070907280326
41934CB00008B/1624